AF597519

Veröffentlichungen der
Deutschen Gesellschaft für
Politikwissenschaft (DGfP)

Band 23

Eberhard Sandschneider (Hrsg.)

Empire

Nomos

Die Deutsche Bibliothek verzeichnet diese Publikation in der Deutschen Nationalbibliografie; detaillierte bibliografische Daten sind im Internet über http://dnb.ddb.de abrufbar.

ISBN 13: 978- 3-8329-2514-7
ISBN 10: 3-8329-2514-7

1. Auflage 2007

Inhaltsverzeichnis

Vorwort des Herausgebers

Im Zuge des nicht nur in Deutschland sehr kontrovers diskutierten Krieges der USA gegen den Irak im Jahre 2003 rückten in den letzten Jahren Aspekte der Analyse internationaler Politik in den Blickpunkt, die nur auf den ersten Blick neu zu sein schienen. Dabei ging es vornehmlich um die Debatte, ob die USA als ein »Imperium« zu bezeichnen seien oder nicht und wie die Rolle eines solches Imperiums in der internationalen Politik zu verstehen und zu bewerten sei. Ein Dauerbrenner politikwissenschaftlicher Debatten erwachte zu neuem Leben.

Entfacht wurde die Debatte bereits im Jahre 2000, als der Amerikaner Michael *Hardt* und der Italiener Antonio *Negri* pünktlich zum neuen Jahrtausend mit dem Buch »Empire - Die neue Weltordnung« den Begriff des Empire mit Leben füllten und in die Diskussion einbrachten.

Im Zuge der Ereignisse um den 11. September 2001 schien der Imperiumsgedanke zunächst sehr schnell wachsende Attraktivität zu gewinnen. Max *Boot* vom *Wall Street Journal* machte im Herbst 2001 den Anfang, als er mit dem Artikel »The Case for American Empire« die These aufstellte, die erfolgversprechendste Reaktion der USA auf die Terroranschläge bestünde darin, die imperiale Rolle der USA in der Welt anzunehmen und mit Leben zu füllen.

Robert *Kaplan* griff den Gedanken von Max *Boot* auf, als er ebenfalls noch im Jahre 2001 das Buch: »Warrior Politics: Why Leadership Demands a Pagan Ethos« veröffentlichte, in dem er anregte, die Politik solle sich mit den antiken Chronisten beschäftigen, da aus den historischen Erfahrungen früherer Imperien interessante Lehren gezogen werden könnten - der Zweite Punische Krieg von 218–201 v. Chr. sozusagen als Vorbild für den Zweiten Golfkrieg 2003 n. Chr.

Der Imperiumsgedanke schien dabei insbesondere für konservative und neo-konservative Köpfe zunehmenden Reiz auszuüben. Als Beispiel hierfür kann wiederum Robert *Kaplan* dienen, dessen Aussage »There's a positive side to empire. It's in some ways the most benign form of order«, Grundlage für ausgeprägte Diskussionen war. Der konservative Kolumnist Charles *Krauthammer* schlug in die selbe Kerbe, als er schrieb: »The fact is no country has been as dominant culturally, economically, technologically and militarily in the history of the world since the Roman Empire«.

Das dachte sich wohl auch das Pentagon, genauer gesagt das Büro von Donald *Rumsfeld*, als es ebenfalls 2001 eine Untersuchung über »ancient empires« initiierte. Ziel dieser Studie war die Beantwortung der Frage »How did they maintain dominance?« Interessant dabei ist der Umstand, dass auch heute die meisten Amerikaner ihr Land nicht als ein Imperium verstanden haben möchten und auch die Bush-Administration es trotz der verschiedenen unverhohlenen Machtdemonstrationen seit 2001 stets vermied, von den USA als dem »American Empire« zu sprechen. Dementsprechend sah sich dann auch *Rumsfeld* nach bekannt werden seiner Studie genötigt, deren Bedeutung zu relativieren.

Dabei gab es auch Stimmen, die das Imperiale als einen wesentlichen Teil des amerikanischen Wesens verstehen, wie beispielsweise Paul *Kennedy,* der Autor des Buches »The Rise and Fall of Great Powers«. Der hatte schon 2002 postuliert: »From the time the first settlers arrived in Virginia from England and started moving westward, this was an imperial nation, a conquering nation.«

Die Büchse der Pandora stand somit sperrangelweit offen, und innerhalb der Politikwissenschaft, zuerst vor allem in den USA, dann aber auch in Europa, wurde lebhaft über den Begriff des »Empire« debattiert.

Die imperiale Rolle der USA, die *Krauthammer* so vehement betonte und die Journalisten, Wissenschaftlern und Publizisten auch weiterhin lebhaft diskutieren, wird dabei durch eindrucksvolle Zahlen untermauert. Nicht nur dass die USA das höchste Bruttosozialprodukt der Welt haben, auch bei Energieverbrauch, Nobelpreisträgern, Anzahl der Milliardäre und in vielen anderen Kategorien liegen sie weltweit an der Spitze. Das gilt natürlich insbesondere für die Militärausgaben, die für die Frage nach einem Imperium nicht unerheblich sind. Hier wird der Abstand der USA zum Rest der Welt besonders deutlich. Die USA alleine tragen etwa 45 Prozent aller Verteidigungsausgaben weltweit, darüber hinaus unterhalten die USA in 40 Ländern Stützpunkte für ihre Streitkräfte. Die Aufzählung der Punkte, in welchen sich die imperiale Rolle der USA manifestiert, könnte dabei noch eindrucksvoll weitergeführt werden.

Dies alles war Grund genug für die Deutsche Gesellschaft für Politikwissenschaft, auf ihrer Jahrestagung im November 2004 in Berlin den Empire-Begriff einmal genauer zu betrachten und verschiedene Aspekte und Fragestellungen dieses Thema intensiv zu diskutieren. In dem vorliegenden Sammelband werden die wesentlichen Beiträge der Jahrestagung sowie der vorhergehenden Nachwuchstagung abgedruckt.

Volker *Gerhardt* macht dabei mit seinem Statement den Anfang, in dem er erläutert, weshalb es seiner Auffassung nach keinen imperialen Weg zum Frieden und damit auch keinen »imperialen Frieden« geben kann. Er geht dabei noch einen Schritt weiter, indem er die These aufstellt: Imperium oder Frieden. Dabei zeigt er auch inwieweit sich das Verständnis von Frieden seit der berühmten »pax romana« verändert hat.

Jürgen *Gebhardt* befasst sich anschließend mit der Idee imperialer Ordnung und gibt dabei einen Überblick über die Empire-Debatte in den USA, angefangen bei den Gründungsvätern bis zu den aktuellen Debatten, die sich insbesondere nach dem 11. September 2001 in den USA manifestiert haben. Dabei grenzt er auch den aktuellen Empire-Begriff gegen den »alten« Begriff des Imperialismus ab und zeigt, wie die Idee imperialer Ordnung damals und heute verstanden und beschrieben wurde.

Nach der Darstellung der Ideen imperialer Ordnung diskutiert Markus *Kaim* in seinem Beitrag die Grenzen amerikanischer Ordnungsmacht. Anhand des israelisch-palästinensischen Konfliktes zeigt er exemplarisch, welchen Beschränkungen amerikanische Ordnungspolitik unterliegt, die trotz des beachtlichen Machtpotenzials in vielen Fällen nicht in der Lage ist, die von ihr favorisierten politischen Lösungen & Konzepte durchzusetzen. Kaim geht sowohl auf die Rolle der verschiedenen Akteure innerhalb der USA als auch auf die Bedeutung der regionalen Akteure ein und hilft, die Schwierigkeiten der USA in dieser Region zu verstehen.

Peter *Rudolf* zeichnet in seinem Beitrag die aktuelle Debatte über die Grundlinien amerikanischer Außenpolitik nach, die sowohl Selbstverständnis als auch Außenwahrnehmung der USA prägen. Nach wichtigen Begriffsklärungen analysiert er kritisch die konträren Positionen, die auf der einen Seite Amerika als Imperium, auf der anderen Seite Amerika als Hegemon sehen. Dabei stellt er deutlich der Kern der gegenwärtigen Diskussion heraus: Werden sich die USA in der Zukunft auf ihre Führungsrolle im Sinne liberaler Hegemonie zurück besinnen, oder werden sie auch zukünftig eine »imperiale« Außenpolitik betreiben?

Im Rahmen dieser Empire-Debatten wählt Markus *Lang* für seinem Beitrag ein Thema aus dem »ideengeschichtlichen Steinbruch«. Er stellt das Konzept der »Political Tutelage«, einer temporären politischen Bevormundung durch die Vereinten Nationen vor, das der deutsche Politikwissenschaftler Karl *Loewenstein* in den vierziger Jahren des letzten Jahrhunderts entwickelte, und stellt die Frage, ob und inwieweit dieses Konzept eine Alternative zu imperialer Politik darstellen kann.

In seiner Untersuchung des politischen Begriffs der Souveränität analysiert Jörg *Meyer* dann die vielfältigen Umdeutungen und Umwertungen, die das Konzept der Souveränität in der Postmoderne erfahren hat. Den Fokus richtet er dabei auf Interventionen und Protektorate als Handlungsmodi des »Empire«, anhand derer er die Aufweichung des internationalen Rechts durch die Einführung eines diskriminierenden Souveränitätsbegriffes problematisiert.

Die Wahrnehmung der Volksrepublik China in den Vereinigten Staaten in der Jahren 1993 bis 2004 ist das Thema des Beitrags von Jan C. *Irlenkaeuser.* Vor dem Hintergrund der Entwicklung der bilateralen Beziehungen zwischen den USA und China in jenen Jahren analysiert der Autor die sehr unterschiedliche Perzeption der Volksrepublik China in der US-amerikanischen politischen und politikwissenschaftlichen Debatte.

Andreas *Wilhelm* diskutiert in seinem Beitrag die Rolle des neokonservativen Amerikas in der aktuellen Weltpolitik. Er stellt dabei die Frage, ob es Faktoren gibt, die dafür sprechen, Amerika als »Empire« zu charakterisieren. Dazu geht er zunächst auf den Begriff »Empire« als Konzept der internationalen Ordnungsbildung ein, bevor er dann die These aufstellt, die aktuelle Politik der USA sei durch einen »moralischen« Realismus geprägt, der aber in der jetzigen Form große Risiken für die USA selber als auch für das internationale System berge.

Die Beiträge des vorliegenden Bandes beleuchten wesentliche Aspekte einer Debatte, die in Anbetracht der derzeitigen Probleme der USA im Nahen und Mittleren Osten wieder etwas in Vergessenheit geraten ist. Sie zu veröffentlichen signalisiert auch die Erwartung, dass das intensive Nachdenken über künftige Strukturen der internationalen Politik und der jeweilige Einfluss wichtiger Akteure zwar Medienkonjunkturen folgt, aber die Grundfragen, die gestellt werden, hohe Aktualität und Relevanz behalten werden.

Gibt es einen imperialen Weg zum Frieden?

Volker Gerhardt

1. Gibt es einen imperialen Weg zum Frieden? Ein klares Nein. Mit dem Fragezeichen hinter dem Themenbegriff des »imperialen Friedens« ist der Zweifel kenntlich gemacht, ob es einen solchen Frieden überhaupt gibt. Meine Auskunft lautet schlicht und einfach »nein«. Ich wüsste nicht, wie ein imperialer Weg zu diesem Frieden aussehen sollte; und selbst wenn ich es wüsste, wäre ich sicher, dass am Ende dieses Weges bestimmt kein Frieden sicherndes Imperium stehen kann. Also würde meine Antwort nur umso entschiedener ausfallen. Einen »imperialen Frieden« kann es nicht geben. - Warum bin ich da so sicher?

Meine historischen Kenntnisse reichen nicht aus, um sagen zu können, ob es jemals einen »imperialen Frieden« gegeben hat. Die pax Romana, an die man natürlich als erstes denkt, war kein Frieden, sondern bestenfalls eine imperiale Konzeption von Frieden. Sie ist zeitweilig nur deshalb mit der Illusion einer Realisierung verbunden gewesen, weil die unterworfenen Völker Phasen der Erschöpfung hatten und ihren Widerstand nicht sichtbar machen konnten.

Das mag dann aus der Perspektive Roms wie ein Frieden erschienen sein. Doch das war nicht mehr als eine zentralistische Täuschung. Aber selbst wenn es keine Täuschung gewesen wäre und die Unterworfenen tatsächlich auf längere Sicht Ruhe gegeben hätten, würde das unserer Vorstellung von einem politischen Frieden nicht entsprechen. Es wäre wohl nur ein erzwungener Waffenstillstand, aber kein Zustand der Einwilligung in bestehende Verhältnisse, die man als Voraussetzung der Anerkennung einer Gesamtlage unterstellen muss, in der man es aus eigener Einsicht selbst für vernünftig hält, Frieden zu halten. Letztlich beruht alles in der Politik auf dieser Einwilligung aus eigener Einsicht. Der Oktroi einer von außen kommenden Herrschaft wird dem immer entgegenstehen.

2. Entweder Imperium oder Frieden. Wie gesagt, meine Kenntnisse reichen nicht aus, um überhaupt einen historisch gegebenen Zustand als Status eines »imperialen Friedens« ausweisen zu können. Zwar mag jemand den über größere Zeiträume herrschenden Friedenszustand im Heiligen Römischen Reich deutscher Nation als Beispiel anführen, doch das wäre schwerlich zu akzeptieren. Denn das bloße Vorkommen des Wortes »Reich« erfüllt die Bedingung einer imperialen Ordnung, so wie wir sie heute verstehen, nicht.

Der lockere Verbund unter der Oberhoheit des weströmischen Kaisers gleicht eher einer Föderation unter einheitlichem Recht als einer zentralistisch geführten Herrschaftsordnung. Hinzu käme, dass die Zeiten des Friedens in dieser Ordnung selten und kurz gewesen sind.

Das zeitlich unmittelbar folgende Beispiel, mit dem jemand aufwarten könnte, wäre das Kaiserreich *Napoleons*. Aber es läge bereits ein eklatantes Missverständnis des Friedensbegriffs vor, sollte das Exempel ernsthaft in Vorschlag gebracht werden. *Napoleon* verdient den Titel eines Friedenskaisers nicht, man könnte ihn eher für das Gegenteil in Anspruch nehmen. Und wie ist es mit dem Deutschen Reich nach 1871? Möglicherweise hat Otto *von Bismarcks* Reichsgründung Kriege zwischen Preußen, Bayern und Sachsen verhindert. Aber würden wir das als »imperial« bezeichnen? Die Nationalstaatsbildungen in Europa haben gewiss zu einer territorialen Befriedung geführt, aber eben nicht mit imperialen Mitteln.

Ähnlich hätte man zurückzufragen, wenn jemand – angesichts fehlender Beispiele in der nachchristlichen Zeit – auf die Idee käme, im Vorfeld der römischen Geschichte das makedonische Großreich unter *Philipp* und *Alexander* anzuführen. Unter ihrer Herrschaft hat es lauter geschlagene und überrollte Gegner gegeben, denen man in Zeiten der Expansion eine Art »Siegfrieden« diktieren konnte.

Ob es in der darauf folgenden, vergleichsweise ruhigen hellenistischen Epoche, vor allem in den griechischen Siedlungsgebieten nicht doch eine Art »administrierten Frieden«, zunächst unter makedonischem, dann unter römischem Patronat, gegeben hat, wage ich nicht zu entscheiden. Nach der Beschreibung, die uns über *Plutarchs* eigenes Leben überliefert ist, muss man das immerhin für möglich halten. Als Beispiel hätte es aber wohl nicht die erforderliche Überzeugungskraft, um den damals zunächst aus Schwäche entstandenen Zustand als weltpolitisches Modell anzusehen.

3. Frieden ohne Freiheit. Im Osten scheinen die Dinge anders zu liegen. Das byzantinische Kaiserreich und die nachfolgende zaristische Herrschaft scheinen längere Zustände des Friedens ermöglicht zu haben. Auch im chinesischen Großreich hat es Perioden innerer und äußerer Befriedung gegeben. Und wenn wir die Geschichte Russlands und Chinas erwähnen, werden wir natürlich nicht jene Despotien vergessen, die unter *Lenin, Stalin* und ihren Epigonen sowie unter *Mao Tse-Tung* und seinen überlebenden Weggefährten tatsächlich in der Lage waren, jeden gewaltsamen Widerstand niederzuschlagen. 20 Millionen Tote in der Sowjetunion und 65 Millionen in China waren der Preis.[1]

Gesetzt, jemand mit soliden historischen Kenntnissen könnte nachweisen, dass hier gleichwohl echte Beispiele für einen »imperialen Frieden« gegeben sind, wäre das doch wohl das definitive Indiz für die Unmöglichkeit eines »imperialen Friedens« als einer ernst zu nehmenden politischen Konzeption.

4. Oxymoron in polemischer Absicht. Es liegt mir fern, meine höchst begrenzten Kenntnisse auch nur zum Maßstab meines eigenen Wissens zu machen. Wenn

1 Zahlen nach Carlos *Widmann*, Ciao, ciao, Mao, in: *Cicero*, November 2004, S. 22.

ich aber sehe, wie dürftig die empirische Basis für das ist, was den Titel eines »imperialen Friedens« verdiente, wenn ich gewahr werde, dass wir zwar manches »Imperium«, aber keinen »Frieden«, wohl auch seltene Zeiten des relativen Friedens, dann aber mit ziemlicher Sicherheit kein »Imperium« vorfinden, festigt sich meine Überzeugung, dass der Begriff des »imperialen Friedens« gar keine empirische Grundlage, sondern, alles in allem, nur eine polemische Bedeutung hat.

Man verwendet ihn zur Kritik agierender Großmächte, die mit ihren innen- oder außenpolitischen Operationen ihren Einfluss in Krisenregionen festigen oder vergrößern wollen. Der einzige empirische Anhaltspunkt, um mit Blick auf derartige Aktivitäten von einem »imperialen Weg« zum Frieden zu sprechen, liegt zum einen darin, dass die Großmacht in kritischer Absicht als »Imperium« bezeichnet wird und dass sie zum anderen ihre Operationen in der Regel selbst unter den Zielbegriff des Friedens stellt – ganz unabhängig davon, ob es ihr gelingt, den Frieden herzustellen oder nicht, natürlich auch unabhängig davon, ob sie den Frieden will oder nicht.

In publizistischer Pointierung ist das nahe liegend, hinreichend klar und durchaus verständlich. Der Meinungskampf bedarf der Überspitzung. Ob sich jedoch die Wissenschaft mit einer derart fragwürdigen Sicherung eines Begriffs zufrieden geben kann, wage ich zu bezweifeln. In meinem Fach halte ich ihn für inakzeptabel. Ja, aus der Sicht der Philosophie käme man wohl nicht um die Feststellung herum, dass es sich beim Begriff des »imperialen Friedens« um ein Oxymoron handelt, das nur zur polemischen Verwendung taugt. Denn jeder, der den Terminus bewusst gebraucht, rechnet mit einer Öffentlichkeit, die von vornherein unterstellt, dass der politische Begriff des Friedens nicht mit dem übereinstimmen kann, was mittlerweile unter dem Begriff des Imperiums verstanden wird.

5. Konditionierter Frieden. Der Begriff des Friedens ist alt und entsprechend vieldeutig. Wenn die Griechen schon der »eirene« Dankopfer brachten, um die isthmischen oder die olympischen Spiele ungestört feiern zu können, wenn den Römern als »pax« schon genügte, dass ihre Legionen stationiert und ihr Recht exportiert werden konnten, und wenn der römische Bischof bereits als Frieden verstand, dass ihm der Kaiser huldigte, hat sich mit den Naturrechtslehren des 16. und 17. Jahrhunderts ein Friedensbegriff entwickelt, der an explizierbare Voraussetzungen gebunden ist. Im Inneren eines politischen Gebildes sollen Grundsätze der individuellen Lebenssicherung gelten, die zunehmend mit den Ansprüchen auf Gewissens- und Religionsfreiheit verbunden werden. Im äußeren Verhältnis der Staaten sollen ebenfalls rechtsförmige Bedingungen gewahrt sein, die durch die dazu eigens entwickelte Diplomatie ausgehandelt werden.

Der historische Wendepunkt in der Geschichte des Friedensbegriffs liegt im Abschluss des Westfälischen Friedens von Münster und Osnabrück. Hier wird, im Geist des Hugo *Grotius*, der vereinbarte und in seiner Reichweite beschriebene Frieden mit der Zusicherung von Grundfreiheiten in den vertragschließenden Staaten und mit Sanktionen bei Vertragsbruch im äußeren Verhältnis verbunden. Der Frieden ist damit nicht die Zeit ohne Krieg, sondern er ist der - im Bewusstsein jederzeit möglicher Kriege - politisch hergestellte Zustand, dessen Realisierung an Konditionen gebunden ist - Konditionen, die sich vornehmlich auf die Handlungsmöglichkeiten der betroffenen Bürger, aber nicht unwesentlich auch auf das Verhalten der beteiligten Staaten beziehen.[2]

6. Annährung an eine alte Kondition. Die alteuropäische Entwicklung zu einem rechtlich und politisch substanziierten Friedensbegriff verschafft dem Historiker des politischen Denkens die Genugtuung, eine leider bis heute viel zu wenig beachtete Prämisse aus den Anfängen des politischen Philosophierens allmählich eingelöst zu sehen: Es ist *Platon,* der (in einer für die kriegsbesessenen Griechen unerhört kühnen Weise) alles politische Handeln, das dem Anspruch des Menschen genügen können soll, auf die Wahrung des Friedens gründet. Schon im ersten Buch der Nomoi nimmt er das Wort eines modernen Aristotelikers, dem zufolge der Frieden »der Grund, die Norm und das Ziel« der Politik sein soll, vorweg und bindet die im Frieden zu wahrende Eintracht an die Übereinstimmung der Seele mit sich selbst.[3]

Platon geht von einer Gesellschaft aus, die von der Einsicht in die alle Bürger verbindenden Mühen (ponos) und Bedürfnisse (chreia) zusammengehalten wird.[4] Ihre Einheit verdankt sie darüber hinaus dem Bewusstsein von den allen drohenden Gefahren (kindynos).[5] Entscheidend aber ist, dass die polis von den Gegensätzen zusammengekettet wird, die zwangsläufig zwischen den Individuen entstehen. Das belegt sein im Politikos ausgeführtes und in den Nomoi erneut aufgenommenes Beispiel vom »Gewebe« (plegma) der Politik, das nur durch die gegenstrebigen Kräfte der nach »Kette« und »Schlag« antagonistisch ineinander gewirkten Lebensfäden der Individuen zusammengehalten wird.[6]

Schon dadurch ist seine Verfassungslehre vom Verdacht der Harmlosigkeit befreit. Und da *Platon* bereits in aller Deutlichkeit von der Freiheit der Individuen sowie vom Eigenrecht ihres Lebensanspruchs ausgeht, können wir mit guten Gründen sagen, dass sich mit der Konzeption eines grundrechtlich substanziierten Friedens eine alte Prämisse der politischen Philosophie erfüllt. Frieden ist das, worin die Bürger nicht nur untereinander, sondern auch mit sich selbst in Übereinstimmung sind.

---

2 Vgl. Volker *Gerhardt,* Zur historischen Bedeutung des Westfälischen Friedens. in: 1648: Krieg und Frieden in Europa (Katalog zur Ausstellung 350 Jahre Westfälischer Frieden), hg. v. Klaus *Bussmann* und Heinz *Schilling,* Bd. 3, Münster/München 1998, S. 485-489.

3 Vgl. *Platon,* Nomoi, I. Buch, 627d - 628e. Nach dem Vorspruch zum 5. Buch wird man die Annährung an diese Übereinstimmung der Seele mit sich selbst zugleich als das »Göttliche« bezeichnen dürfen (Nomoi, V. Buch, 726a).

4 Vgl. Politeia, II. Buch, 396c.

5 Vgl. Nomoi, V. Buch, 736b.

6 Vgl. Politikos; Nomoi VI.

7. Gesellschaftliche Konditionen des Frieden. Man mag zu Immanuel *Kant* stehen, wie man will: Wir verdanken ihm die Präzisierung eines unter staats-, völker- und grundrechtlichen Konditionen stehenden Begriffs des Friedens.

Zunächst nennt *Kant* die materialen Bedingungen der Friedenssicherung, die kenntlich machen, dass die Völker sich nur dann auf einen garantierten, nicht unter Vorbehalt stehenden Frieden verpflichten lassen, wenn sie gewisse gesellschaftliche Vorleistungen erfüllen: Sie müssen eine rechtliche Ordnung haben, müssen über ein entsprechendes Niveau kultureller Entwicklung (mitsamt der zugehörigen Ökonomie, einschließlich der erforderlichen Infrastruktur) verfügen, dabei müssen sie sich von den überlieferten Bedingungen der Stammes-, Sippen- und Familienherrschaft befreit haben und zu einer gesamtgesellschaftlichen Kalkulation der Kosten möglicher Handlungen in der Lage sein. Schließlich müssen sie zur Artikulation eines gemeinsamen Willens fähig sein.

Nach diesen Kriterien, deren grundsätzliche Bedeutung man gar nicht genug herausstellen kann,[7] sollten sich die politischen Subjekte darauf verstehen, als Menge von Menschen über sich selbst nach Analogie eines eigenständigen Menschen zu disponieren.

Mir wäre es recht, wenn nicht gleich zu erkennen gewesen wäre, dass mit den genannten Kriterien lediglich zusammengefasst ist, was *Kant* in den so genannten Präliminarartikeln seiner kleinen Schrift Zum Ewigen Frieden formuliert. Die Bedeutung dieser Vorbedingungen könnte mit Blick auf die Friedensfähigkeit jener Staaten und Länder, die derzeit noch Anschluss an die globale Entwicklung suchen, gar nicht größer sein.

Ob dies freilich auch für den prominentesten der sechs, den fünften Präliminarartikel gilt, in welchem *Kant* eine Bedingung formuliert, die unter dem von ihm populär gemachten Begriff der Selbstbestimmung inzwischen zu den Grundprinzipien des Völkerrechts gehört, wird noch zu fragen sein. »Kein Staat«, so heißt es da, »soll sich in die Verfassung und Regierung eines anderen Staats gewaltthätig einmischen.«[8]

Ich werde gleich noch deutlich machen, dass diese Vorbedingung heute nicht mehr uneingeschränkt gelten kann. Doch zunächst zu einer weiteren Reihe der von *Kant* entwickelten politischen Implikate des Friedens, an denen gemessen der Begriff des »imperialen Friedens« zu einer vollkommenen contradictio in adiecto wird:

8. Der republikanisch gesicherte Frieden. Auf die gesellschaftlichen Vorbedingungen des Friedens folgen die politischen Grundbedingungen einer auf Dauer berechneten Friedensordnung. Sie werden in den bekannten drei Definitivartikeln festgelegt.

---

7 Vgl. *Gerhardt,* Immanuel Kant: Zum ewigen Frieden. Eine Theorie der Politik, Darmstadt 1995, 2004², S. 41.

8 Vgl. Immanuel *Kant,* Zum ewigen Frieden, AA 8, 346.

Der erste verpflichtet die zu schaffende Friedensordnung vor und in allem anderen auf die »republikanische Verfassung« der beteiligten Staaten. Es fällt uns heute nicht schwer, in dieser Bedingung die Prinzipien einer freiheitlichen Grundordnung zu erkennen. *Kant* verlangt die Garantie der Freiheit, die Gewährung gleicher Rechte und die Zusicherung der bürgerlichen Eigenständigkeit. Ein Staat muss aus freien, gleichberechtigten und von sich aus handlungsfähigen Bürgern bestehen. Das ist er den Menschen schuldig, von denen er seine Legitimation erhält. Aber er braucht diese Verfassung auch, um selbst als eigenständige Institution unter seinesgleichen anerkannt zu werden.

Die in diesem Kontext von *Kant* geäußerte Kritik an der unmittelbaren Herrschaft aller über alle macht darüber hinaus eine repräsentative Vertretung der Bürger verbindlich. *Kant* traut nur jenen Staaten die Friedensfähigkeit zu, die sich eine liberale parlamentarische Verfassung gegeben haben und sich in ihrer Regierung der unbedingten Geltung des Rechts unterstellen.

9. Der föderal gesicherte Frieden. Auf republikanischer Grundlage sucht der zweite Definitivartikel den föderalen Weg zum Frieden verbindlich zu machen. Das erscheint zwingend, denn nur so lässt sich die Eigenständigkeit der rechtlich verfassten Staaten auch im Zusammenwirken der Einzelstaaten sichern. Nur so kann die Übertragung des bereits aus Gründen der Rechtssicherung erforderten Machtmonopols der Einzelstaaten derart auf das zwischenstaatliche Verhältnis übertragen werden, dass keine überstaatlichen Gewaltmonopole nötig werden.

Im föderalen Zusammenspiel der auf das Recht gegründeten Staaten kann man zumindest theoretisch darauf verzichten, eine internationale Macht zu etablieren, weil alle politische Macht ihren Rechtsgrund schon in den einzelnen Staaten hat. Also bedürfte es, wenn wirklich ein überstaatlicher Machteinsatz erforderlich wäre, nur der konsensuellen Kooperation der Staaten, die sich zum Friedensbund zusammengefunden haben. Sie müssten sich in der Konsequenz ihres Zusammenschlusses leicht auf Maßnahmen aktiver Friedenssicherung verständigen können.

Nach der Logik des von *Kant* konstruierten Friedensbundes bedarf es tatsächlich keiner übergeordneten Macht. Was an Macht benötigt wird, steht bereits in den Einzelstaaten zur Verfügung.

10. Die globale Konzeption des Friedens. Als dritte Bedingung eines international gesicherten Friedens wird das Weltbürgerrecht angeführt, das jedem Bewohner der Erde die freie, rechtlich geschützte Bewegung auf allen Territorien erlaubt, ohne ihm zu gestatten, sich überall festzusetzen.

Kant begnügt sich bei der Erläuterung zum dritten Definitivartikel mit der Abwehr eines Missverständnisses: Der Weltbürger soll zwar ein uneingeschränktes Besuchsrecht, aber kein Gastrecht haben. Damit wird dem Weltbürgerrecht eine antikolonialistische Perspektive gegeben.

Wäre diese dritte Friedensprämisse beachtet worden, hätten wir vermutlich weniger Reichtum in Europa; womöglich wären hier auch weniger Kriege zu führen gewesen. Mit Sicherheit aber hätten wir heute weniger hoch gerüstete militärische Konflikte in jenen Regionen der Welt, in denen die Europäer seit der Mitte des letzten Jahrhunderts überforderte Kolonien zurückgelassen haben. Dass nach dem Kolonialismus das Weltbürgerrecht für die entgegengesetzte Wanderbewegung der Menschen von einiger Bedeutung sein würde, hat im 18. Jahrhundert wohl niemand vorhergesehen.

Das Weltbürgerrecht ist eine Innovation *Kants*. Im späten 20. Jahrhundert ist es zum rechtstheoretischen Ausgangspunkt für die Rechtsfähigkeit von Einzelpersonen geworden, die sich gegenüber einem Staat zu behaupten haben, obgleich sie ihm nicht als Bürger zugehören. Nirgendwo tritt deutlicher hervor, dass die Konzeption des »ewigen Friedens« in einen globalen Zusammenhang gehört.

Für *Kant* ist es eine geschichtliche Tatsache, dass die Erde in allen bewohnbaren Landstrichen bevölkert ist. Da der Globus nun einmal, wie schon der Name sagt, rund und folglich endlich ist, können die Menschen nicht länger voreinander ausweichen. In Ansehung ihrer eigenen Dynamik werden sie damit von der Natur vor die Notwendigkeit gestellt, sich entweder wechselseitig den Lebensraum streitig zu machen (und sich damit in großen Teilen zu vernichten), oder - sich zu vertragen.

Diese Naturnotwendigkeit, die freilich erst unter den Konditionen der kulturellen Dynamik des Menschen unausweichlich wird, gehört zu den wichtigsten Implikaten der kritischen Theorie der Politik.[9] Da sie selbst wieder unter dynamischen Bedingungen der nachfolgenden kulturellen Evolution des Menschen steht, führt sie zu Konsequenzen, die auch das Begriffsgefüge der kantianischen Friedenstheorie berühren. Denn es ist heute mit Sicherheit zu wenig, nur darauf zu verweisen, dass die Menschen nicht mehr voreinander ausweichen können.

Es reicht auch nicht, die Notwendigkeit des Zusammenlebens zu betonen. Die Menschen brauchen, ja, sie verlangen in ihrer Gesamtheit längst gemeinsame Bedingungen und Formen ihrer Daseinssicherung. Sie sind in den von ihnen selbst gewollten Strukturen ihres Lebensvollzugs aufeinander angewiesen. Damit aber schränken sie sich wechselseitig auf gemeinsame Realisierungsbedingungen ihres Lebens ein. Folglich haben sie eine wechselseitige Bestimmung ihrer Lebensverhältnisse in Kauf zu nehmen. Mehr noch: Sie haben die wechselseitige Einflussnahme aktiv zu praktizieren, was, wie uns nicht erst der jüngste Konflikt im Irak vor Augen führt, auch für die Eingreifenden mit hohen Risiken verbunden ist. Die Vereinigten Staaten, das ist nur ein

9 Das versucht *Kant* in seiner Geschichtsphilosophie deutlich zu machen, die eine Theorie der fortgesetzten Transformation von Natur in eigenständiges menschliches Handeln ist. Dazu *Gerhardt*, Immanuel Kant: Vernunft und Leben, Stuttgart 2002.

zufällig herausgegriffenes Beispiel, haben 292 000 Soldaten geopfert, um Europa von Adolf *Hitler* zu befreien.[10]

Aus der skizzierten Überlegung folgt, dass es nicht bei dem von *Kant* zu Grunde gelegten uneingeschränkten Selbstbestimmungsrecht der Völker bleiben kann.[11] Die Souveränität der Einzelstaaten kann nicht mehr der bedingungslose Ausgangspunkt des zwischenstaatlichen Handelns sein; sie hat vielmehr selbst unter kriteriellen Konditionen des politischen Handelns zu stehen. Es sind im Wesentlichen jene Bedingungen, die *Kant* in den drei Definitivartikeln umrissen hat und die sich abkürzend unter den Titel des Menschenrechts stellen lassen.

11. Eine Unsicherheit bei *Kant.* Der voraussetzungsvolle Friedensbegriff der kritischen Philosophie nimmt die Dynamik der kulturellen Entwicklung auf. Doch in ihrer begrifflichen Ordnung wird sie von ihr auch überholt. Um diesen für die Bewertung der aktuellen Konflikte nicht unerheblichen Punkt kenntlich zu machen, empfiehlt es sich zunächst, in den Text des Ewigen Friedens zu blicken, um einer Unsicherheit gewahr zu werden, die in *Kants* Empfehlung für den föderativen Weg zum Frieden bleibt.

Kant ist sich bereits mit Blick auf seine eigene Zeit nicht schlüssig, wie der weltweite Frieden am besten angegangen werden soll. Ich zitiere die Schlusspassage zum 2. Definitivartikel:

> *»Für Staaten im Verhältnisse unter einander kann es nach der Vernunft keine andere Art geben, aus dem gesetzlosen Zustande, der lauter Krieg enthält, herauszukommen, als daß sie eben so wie einzelne Menschen ihre wilde (gesetzlose) Freiheit aufgeben, sich zu öffentlichen Zwangsgesetzen bequemen und so einen (freilich immer wachsenden) Völkerstaat (civitas gentium), der zuletzt alle Völker der Erde befassen würde, bilden. Da sie dieses aber nach ihrer Idee vom Völkerrecht durchaus nicht wollen, mithin, was in thesi richtig ist, in hypothesi verwerfen, so kann an die Stelle der positiven Idee einer Weltrepublik (wenn nicht alles verloren werden soll) nur das negative Surrogat eines den Krieg abwehrenden, bestehenden und sich immer ausbreitenden Bundes den Strom der rechtscheuenden, feindseligen Neigung aufhalten, doch mit beständiger Gefahr ihres Ausbruchs (Furor impius intus - fremit horridus ore cruento. Virgil).«*[12]

---

10 Das waren dreißigtausend mehr, als das von Anfang an am Krieg beteiligte England zu beklagen hatte.

11 Vgl. dazu *Gerhardt,* Eine Frage an Kant. Der Afghanistan-Konflikt aus der Sicht der Kritischen Philosophie, in: Walter *Eykmann,* Volker *Ladenthin* (Hrsg.), Terrorismus und Bildung (Schriftenreihe der KED, Heft 38), Bonn 2002, S. 29-34; ders., Souveränität als Verdienst. Erwiderung auf Manfred Bierwisch, in: *Merkur,* Nr. 656/2003, S. 1174-1176.

12 Zum ewigen Frieden, AA 8, 357. Zur Deutung der auf den Völkerbund bezogenen Passagen im Gemeinspruch, im Ewigen Frieden und in der Rechtslehre verweise ich auf die von Pauline *Kleingeld* 2004 in Wien und auf Schloss Elmau vorgetragene Interpretation: Kants Argumente für den Völkerbund, in: Herta *Nagl-Docekal/*Rudolf *Langthaler* (Hrsg.), Recht - Geschichte - Religion. Die Bedeutung Kants für die Gegenwart, Berlin 2004, S. 99-112.

Diese Passage enthält etwas, das viele Interpreten *Kant* gar nicht zutrauen, nämlich das pragmatisch angelegte Plädoyer für einen Staatenbund. Rein theoretisch (in thesi) wäre zwar die Weltrepublik am besten: Aber sie lässt sich angesichts der völkerrechtlich verankerten Eigenständigkeit der Staaten mit Sicherheit nur sehr schwer erreichen. Deshalb bleibt nichts anderes übrig, als in hypothesi, also unter der Voraussetzung der tatsächlich gegebenen Realität einen Staatenbund zu stiften. Er ist jedoch für *Kant* nur die zweitbeste Lösung. Ist es aber so, und dafür stehen sowohl die Eigeninteressen der Staaten wie auch deren Schutz durch das Völkerrecht, dass alle anderen Mittel versagen und »wenn nicht alles verloren werden soll«, dann muss man sie politisch in Kauf nehmen. Dann hat man den föderalen Weg zu beschreiten.

Bei Licht besehen optiert *Kant* zunächst also primär für die kategorisch zu verstehende These (in thesi). Diese These steht eindeutig auf der Seite der begrifflichen Konsequenz. Sie plädiert dafür, dass, wenn es den Staaten wirklich ernst mit dem Frieden ist, sie sich alle einer allgemeinen staatlichen Gesetzgebung unterwerfen müssen, um den Frieden notfalls auch nach Zwangsgesetzen herbeizuführen.

12. *Kants* Alternative als Fingerzeig. Man braucht die von *Kant* zugrunde gelegte Parallele zwischen Staatsrecht und Völkerrecht nur weit genug auszuziehen, um mit der von ihm favorisierten These den Frieden erst in einer »Weltrepublik« gesichert zu sehen. Nur hier gibt es die Macht, die dem Recht weltweit die Geltung verschaffen kann, die zur Wahrung des Friedens unerlässlich ist. Die These, so kann man vereinfachend sagen, empfiehlt den republikanischen Weg zum Frieden, während die Hypothese sich auf den föderalen verlegt. Der republikanische Weg ist aber nicht mit dem »imperialen« zu verwechseln, denn er kann nur unter der Prämisse der Gleichberechtigung aller Beteiligten beschritten werden.

Die hier nur kurz skizzierte Lesart[13] dürfte vor allem die Kant-Spezialisten befremden. Sie wissen zwar, dass ihr Autor bis 1792 den republikanischen Weg zum Frieden favorisiert. Damals glaubte er noch, »ein mächtiges und aufgeklärtes Volk«, wie es sich mit den revolutionären Franzosen gerade präsentierte, könne »sich zu einer Republik (die ihrer Natur nach zum ewigen Frieden geneigt sein muss) bilden« und auch die Nachbarstaaten auf die Seite des Friedens ziehen.

Eine Innovation der Friedensschrift von 1795 liegt zweifellos darin, dass *Kant* nunmehr der föderalen Option den Vorzug gibt. In der Friedensschrift und in der Rechtslehre favorisiert er den Staaten- oder Völkerbund. An dieser Deutung, die zum festen Bestandteil der kritischen Orthodoxie gehört,[14] kann und will ich nicht rütteln; es ist

---

13 Ausführlicher in *Gerhardt,* Das Recht in weltbürgerlicher Absicht. Kants Zweifel am föderalen Weg zum Frieden. Vortrag auf der Kant-Konferenz der Universität Genua, 6.-8. Mai 2004.

14 Ich verweise hier auf Georg *Cavallar,* Pax Kantiana. Systematisch-historische Untersuchung des Entwurfs Zum ewigen Frieden (1795) von Immanuel Kant, Wien/Köln/Weimar 1992; Karlfried

ja gar nicht zu übersehen, dass der »Staatenbund« zum Definitivartikel erhoben und die »Weltrepublik« als untaugliches Mittel beiseite geschoben wird. Dennoch spottet *Kant* noch 1795 über die Gleichgewichtstheoretiker, die da glauben, Europa könne in einer klugen Machtbalance der Einzelstaaten zum Frieden finden.[15]

Es ist also nicht ohne Bedeutung, die von ihm sorgfältig ausformulierte Alternative zwischen dem thetischen, dem konsequenten Ziel der »Weltrepublik« und dem hypothetisch-pragmatischen Prozess der Föderation wenigstens zur Kenntnis zu nehmen. Es könnte uns bei der Lösung der lastenden Fragen der Gegenwart wenigstens einen Fingerzeig geben.

13. Eine Unsicherheit in der Zeit nach *Kant.* Das Problem, das sich mir erst 2001 mit dem militärischen Eingreifen im Kosovo gestellt und mit dem Feldzug gegen die afghanischen Taliban verschärft hat - und das im gegenwärtigen Irak-Konflikt uns allen bewusst geworden ist - , lässt sich mit Blick auf *Kant* in eine ziemlich unsinnig erscheinende Frage fassen: Können die Definitivartikel einen Vorrang vor einem Präliminarartikel beanspruchen? Konkret: Kann der erste Definitivartikel zur Aussetzung des 5. Präliminarartikels führen?

Die sachliche und logische Ordnung zwischen dem Interventionsverbot und dem Republikgebot scheint diese Frage auszuschließen. In den Präliminarartikeln werden die Konstitutionsbedingungen eines Staates gesichert. Nur sofern ein Staat ein souveränes, über sich selbst »gebietendes und disponirendes« Gemeinwesen ist,[16] kann er sich eine eigene Rechtsordnung geben. Also können die Forderungen nach einer republikanischen Verfassung, nach einer internationalen Föderation und nach dem Weltbürgerrecht nur auf die Sicherung des Staates und seiner Eigenständigkeit folgen.

Doch, wie ist es in einer Weltordnung, in der wir nicht nur eine faktische, sondern eine strukturelle Angewiesenheit der Staaten aufeinander haben? Wie verhalten sich die

---

Herb/Bernd *Ludwig,* Kants kritisches Staatsrecht, in: Jahrbuch für Recht und Ethik, Nr. 2/1994, S. 431-478; Matthias *Lutz-Bachmann*/James *Bohman* (Hrsg.), Frieden durch Recht. Kants Friedensidee und das Problem einer neuen Weltordnung, Frankfurt am Main 1996; ders./ders. (Hrsg.), Weltstaat oder Staatenwelt, Frankfurt am Main 2002; Hauke *Brunkhorst* (Hrsg.), Einmischung erwünscht?, Frankfurt am Main 1998.

15 Im Zusammenhang seiner kosmopolitischen Überlegungen nimmt *Kant* zweimal auf Europa Bezug: Im Gemeinspruch erinnert er an die Entwürfe des Abbé *de St. Pierre* und Jean-Jacques *Rousseaus,* die auf eine »Balance der Mächte in Europa« gesetzt haben. Man braucht die entsprechende Passage nur zu zitieren, um deutlich werden zu lassen, dass *Kant* auf das bloße Gleichgewicht der wechselseitig gesicherten Mächte nicht vertrauen wollte: »denn ein dauernder allgemeiner Friede durch die so genannte Balance der Mächte in Europa ist, wie Swifts Haus, welches von einem Baumeister so vollkommen nach allen Gesetzen des Gleichgewichts erbauet war, daß, als sich ein Sperling darauf setzte, es sofort einfiel, ein bloßes Hirngespinst.« (Zum ewigen Frieden, AA 8, 312).

16 Vgl. Zum ewigen Frieden, AA 8, 344.

Staaten in einer Welt, in der die Menschen durch die Art, in der sie leben und arbeiten, in der sie produzieren, konsumieren und kommunizieren, in der sie auf verbindliche Ordnungen und Verfahren angewiesen sind, die nicht mehr in der Disposition eines einzelnen Landes stehen? Welchen Zwängen unterstehen Staaten, die sich in Handel, Transport und Geldverkehr, in Technik, Touristik und Ökologie, in der Diagnostik und Therapie epidemischer Krankheiten, in Patenten, industriellen Normen wissenschaftlichen Verfahren, der Rüstungskontrolle oder in den Fragen der zivilen Nutzung der Kernenergie weitest gehend darauf verlassen, dass nach einheitlichen Standards gehandelt wird?

In der globalen Zivilisation sind Bedingungen gegeben, an denen allen Menschen gelegen ist, auch wenn sie im Einzelnen unterschiedliche Vorteile aus ihnen ziehen. Alle streben nach einem Lebensniveau, das die genannten technischen, medizinischen und juridischen Leistungen zur Voraussetzung hat. Also müssen sich auch alle darauf verpflichten lassen. Dass sie damit Forderungen nach einer gerechten Verteilung von Lasten und Nutzen verbinden, versteht sich von selbst. Aber keine staatlich organisierte Gesellschaft kann unter Hinweis auf eigene Interessen, auch nicht mit Blick auf tradierte Vorbehalte, dem globalen Verkehr den Rücken kehren und ihren eigenen Regeln folgen - es sei denn, sie würde von sich aus allen Kontakt mit der sie umgebenden Welt unterbinden.

Solange die Menschheit auf dem jetzt erreichten kulturellen Niveau verbleibt (oder auch nur verbleiben will), hat sie sich den Verkehrsbedingungen der längst global gewordenen Zivilisation zu fügen.

14. Der Zoll der Zivilisation. Der Globalisierungssog der modernen Welt ist unumkehrbar. Je mehr er uns erfasst, umso stärker leiden wir unter den unwiederbringlichen Verlusten. Die Lebensformen verflachen und zersetzen sich, die Einzelsprachen treten gegenüber dem globalen Verkehrsdialekt zurück; die religiösen, ethnischen und kultischen Differenzierungen binden nur noch partielle Momente der sozialen und individuellen Identität.

Aber es käme zu diesen Verlusten nicht, wenn nicht die technisch-ökonomische Progression Kräfte freisetzte, die alles Gewohnte nur noch zu einer Frage nostalgischer Erinnerung machte.

Ich gestehe, dass mir die Dynamik der Zivilisation, die dem verbesserten Komfort alles opfert, widerstrebt. Die Welt, die in der Raserei unablässiger Verbesserungen entsteht, hat meine Sympathien nicht.[17] Und es ist tröstlich zu wissen, dass man es nur ein Leben lang in ihr aushalten muss.

---

17 Wenn ich sage, dass ich mich hier in Übereinstimmung mit *Platon* befinde, wird die Aktualität meines Urteils freilich nicht unwesentlich gemindert. Wenn schon *Platon* kaum etwas bedrohli-

Gleichwohl habe ich kein Verständnis für jene, die in ihren politischen Optionen so tun, als könnten sie den Prozess der Zivilisation sistieren. Denn man braucht nur ein Minimum an Selbstbeobachtung, um sich einzugestehen, dass man selbst die Beschleunigung der weltweiten Modernisierung befördert. Oder gibt es jemanden, der sich vernehmlich gegen die Globalisierung wehrt - ohne sie durch Teilnahme zu verstärken?

Gewiss, es gibt Menschen, die Bluttransfusionen ablehnen. Aber sie stehen gleichwohl an den Straßenecken und haben ihre im Rotationsdruck hergestellten Broschüren in eingeschweißten Folien hinter sich.

Das muss man nicht vertiefen. Es genügt die Feststellung, dass wir alle an den Vorgängen unseren Anteil haben, die das globale Netz der Verbindlichkeiten immer dichter machen. Davon kann sich die Politik nicht suspendieren. Aus politischer Vernunft sind wir alle für die Fortsetzung der europäischen Integration. Sie hat den Beitrittsländern bereits die Übernahme von 80000 Normwerten nach dem »aquis communautaire« aufgenötigt. Weitere werden folgen. Davon kann sich auch die Weltpolitik nicht befreien.

15. Uneinig gegen den Terror. Die Politik hat anderen Subsystemen der Gesellschaft, vermutlich sogar noch der Ökonomie, voraus, dass sie schon in ihren geschichtlichen Anfängen nach Globalisierung gestrebt hat. *Sokrates* deckt im Gespräch mit *Alkibiades* dessen Großmachtpläne auf und erklärt, wenn auch nicht ohne Ironie, dass die Weltherrschaft sich nicht ohne Politik erreichen lasse. *Cicero* führt *Scipio* den Jüngeren im Traum in kosmische Sphären, von wo aus er auf die kleine Erde blicken kann, um sich von *Scipio* dem Älteren sagen zu lassen, dass er in Rom Verantwortung für die ganze Erde trage.[18]

Das setzt sich im Missionsauftrag des Christentums fort. Schon im 15. Jahrhundert erreicht der Universalismus der antiken Philosophie Florenz, wenig später greift er bei den die Welt erobernden Spaniern auf die aristotelisch-thomistische Naturrechtslehre über und führt keine zweihundert Jahre später zur Formulierung der Menschenrechte, die nunmehr das deklarierte Fundament der Vereinten Nationen sind.

Es ist nicht nötig, darüber zu räsonieren, wie es derzeit mit der weltweiten Realisierung der Menschenrechte steht. Für meine Zwecke genügt, dass sie allgemein

---

cher findet als die ständigen Neuerungen, die mit einer Verwerfung des Alten einhergehen, dann ist das ein Indiz für den Wandel, dem sich schon die antike Welt ausgesetzt sah. Hier wirkt eine Naturgewalt inmitten der Geschichte.

18 Vgl. *Gerhardt,* Globalisierung. Ein notwendiges Ziel der Politik, in: Ralf *Elm* (Hrsg.), Ethik, Politik und Kulturen im Globalisierungsprozess. Eine interdisziplinäre Zusammenführung (Schriftenreihe der Universität Dortmund, Band 49), Bochum 2003, S. 321-337.

anerkannt sind. Zumindest gibt es keinen Staat, der sie expressis verbis widerruft. Sie gelten weltweit als das Fundament des positiven Rechts. Sie sind damit auch die Grundlage einer Entscheidung über Streitfälle des internationalen Rechts. Also müssen sich die Staaten auch in ihrer eigenen Verfassung an den Menschenrechten messen lassen. Die Menschenrechte formulieren in einer freilich immer konkreter werdenden Form eben jene Konditionen, die *Kant* mit seinem ersten Definitivartikel verbindlich machen wollte.

Weicht nun ein Staat von dieser Grundlage derart ab, dass er die internationale Ordnung, auf die, wohlgemerkt, auch der abweichende Staat angewiesen ist, stört, dann darf man nicht nur, sondern dann muss man ihn an die Verbindlichkeiten erinnern, die er selbst durch seine Zustimmung zur Deklaration der Menschenrechte eingegangen ist. Mehr noch: Man hat ihn mit Nachdruck darauf hinzuweisen, dass er sich durch jede seiner grenzüberschreitenden Aktivitäten in tätigen Widerspruch zur allgemeinen Ordnung setzt.

Schon damit stellt man seine Souveränität unter Bedingungen, die er anerkennt, solange er als Staat im globalen Zusammenhang wirksam ist. Also hat er sich auch einem unparteiischen Urteil zu unterwerfen, wenn er weiterhin gegen die Regularien der internationalen Ordnung verstößt.

Geschieht dies fortgesetzt auch gegen die beharrlich ergriffenen Maßnahmen der Weltgemeinschaft, dann ist er in seiner Souveränität nicht länger durch den fünften Präliminarartikel geschützt, sondern er hat sich notfalls auch einer Strafaktion der Weltgemeinschaft zu unterwerfen. Dann haben der erste, der zweite und der dritte Definitivartikel Vorrang. Ihre Durchsetzung ist ein Akt der föderalen Friedenssicherung.

Die Schwierigkeiten, vor die uns die Entscheidungslage im Irak-Konflikt gestellt hat, haben nicht darin bestanden, dass eine Großmacht einen »imperialen Frieden« diktieren wollte. Die Probleme waren vielmehr dadurch gegeben, dass sich die verblichenen Großmächte Alteuropas mit ihrem Machtverlust nicht abfinden mochten. Weil sie voraussahen, dass es dem Ansehen (vielleicht auch der militärischen Kraft) der Großmacht abträglich sein würde, wenn sie, weitgehend auf sich gestellt, handeln müsse, haben sie die längst gebotene Maßnahme zur Sicherung des föderalen Friedens verhindert. So konnten sie nach zahllosen Täuschungsmanövern im Vorfeld der Entscheidungen des Sicherheitsrats eine viel zu kleine Bündnisgemeinschaft von Staaten nötigen, allein tätig zu werden.

Dadurch haben Frankreich und Russland – und in ihrem Schlepptau auch die Bundesrepublik Deutschland – den globalen Friedensprozess schwer belastet. Denn die Vereinten Nationen, die sich im Handeln mit dem Irak ohnehin schon lange genug haben korrumpieren lassen, sind auch im Organ des Sicherheitsrats geschwächt, und der Terror geht so lange weiter, wie deren Drahtzieher hoffen können, das Gesetz des Handelns könne am Ende doch wieder an die Untätigen übergehen.

Die Idee imperialer Ordnung

Jürgen Gebhardt

I.

Im Juli 2003 wurde eine vom Büro des Defense Secretary Donald *Rumsfeld* initiierte Studie über die »ancient empires« aus dem Jahr 2001 bekannt. Sie ging der Frage nach »How they maintained dominance?«. Die Antwort lautete wie folgt: »Without strong political and economic institutions, the Mongols and the Macedonians could not maintain extensive empires. What made the Roman empire great was not just its military power but its 'franchise of empire'. What made the Chinese empire was not just its military power but the immense power and might of its culture.« Die Nutzanwendung aus diesen historischen Beispiel müsse lauten: »For the United States to sustain predominance it must remain militarily dominant, but it must also maintain its preeminence across the other pillars of power.«[1] Aus dem weltpolitischen Umbruch im Gefolge des Zusammenbruchs der kommunistischen Welt gingen die USA als einzig verbliebener »global player« im Machtkonzert der Nationen hervor, der ältere George *Bush* und Bill *Clinton* formulierten dies programmatisch, in dem sie den ordnungspolitischen Anspruch der USA auf »global leadership« nachdrücklich unterstrichen. Nur unterschwellig war in dem Konzept der »Neuen Weltordnung« die Vorstellung einer Pax Americana präsent, wenn von einer demokratischen Oikoumene die Rede war.[2] Doch der hier naheliegende Begriff des »Empires« taucht nicht auf, er ist der politischen Semantik der amerikanischen Selbstdeutung fremd, wird doch die amerikanische Republik als freiheitlicher Gegenpol zu jeder imperialen Ordnung verstanden Diesem Grundzug des amerikanischen Sendungsbewusstseins, der im Wilsonianismus erstmals seine globale politische Wirksamkeit entfaltet hatte, musste auch *Rumsfeld* Rechnung tragen, wenn er die Bedeutung seiner Studie herunterspielte und die Bush-Administration insgesamt jede Rede vom »American Empire« sorgfältig vermied.

Hier dachten und sprachen die amerikanischen Gründungsväter anders: Zutiefst geprägt von der altrömischen Gedankenwelt war ihnen die Idee eines »American Empire«, eines »neuen Roms« keineswegs fremd, sahen sie sich doch als die Erben des »British Empire«, von dessen Ende sie überzeugt waren. Bis zur Mitte des 19. Jahrhunderts war dieser Begriff noch in Umlauf. »The concept of an American empire disappeared with the War between the States«, schreibt *Van Alstyne,* und seitdem gilt: »In the United States it is almost a heresy to describe the nation as an empire.«[3] Diesem Häresieverdacht mochte sich wohl auch *Rumsfeld* nicht aussetzen. Andere dachten

1 Maureen *Dowd,* What Tipps for Rumsfeld from Julius Caesar?, in: *International Herald Tribune (IHT)*, 6.3.2003, S. 9.

2 Vgl. Jürgen *Gebhardt,* Novus Ordo Seclorum - Der globale Anspruch der amerikanischen Mission zum Anbruch des 21. Jahrhunderts, in: Walter *Sparn* (Hrsg.), Apokalyptik versus Chiliasmus, Erlangen 2002, S. 285-298.

3 Richard W. *Van Alstyne,* The Rising American Empire, Chicago 1960, S. 6.

weniger orthodox und bekannten sich freimütig zur imperialen Rolle der USA, wie dies Robert D. *Kaplan* in seinem Buch »Warrior Politics: Why Leadership Demands a Pagan Ethos« (2002) tat: »Despite our anti-imperial traditions, and despite the fact that imperialism is delegitimized in public discourse, an imperial reality already dominates our foreign policy.«[4] So konstatiert auch Charles *Maier* jüngst eine intellektuelle Reorientierung im öffentlichen Bewusstsein der USA. »Until a few years ago, most historians and commentators who wrote about empire angrily rejected any application of the concept to the United States as somehow un-American. Empires meant conquest and annexation; supposedly Americans did not do that.« Und er fährt fort: »Since September 11, however, if not earlier, the idea of American empire is back. Some commentators aspire to empire; others argue that it is inevitable and urge Americans to face up to its ›burdens‹; still others condemn the development outright.«[5]

So ist es nicht verwunderlich, dass es in der gegenwärtigen Diskussion vor allem und zuerst die Kritiker der amerikanischen Außenpolitik waren, welche die USA als »Empire« denunzierten.[6] »Empire« ist hier ein Kampfbegriff, der als begriffliches Versatzstück im Zuge einer reanimierten Imperialismustheorie in Stellung gebracht wird. Analytisch ist hieraus wenig für ein historisch-politisch fundiertes Verständnis der Idee der imperialen Ordnung in universalgeschichtlicher Perspektive zu gewinnen, denn auch im Licht wissenschaftlicher Betrachtung wurde das Phänomen »Imperialismus« als ein »Ergebnis der Entwicklung von industriewirtschaftlichen Gesellschaftssystemen, die zudem in eine oligopolistische Staatenkonkurrenz verflochten waren, aufgefasst«, die mit der überseeischen, aber auch kontinentalen Expansionsbewegung der okzidentalen Gesellschaften namentlich seit dem letzten Drittel des 19. Jahrhunderts einsetzte.[7] Der moderne Imperialismus galt und gilt weithin als Phänomen sui generis, dessen Analyse keines Rückgriffs auf die Geschichte und Traditionen der Weltreiche bedarf. In diesem Punkt blieb Joseph A. *Schumpeters* Zur Soziologie der Imperialismen eine Ausnahme, die nicht ganz zu Unrecht als historisch wenig tragfähig bezeichnet wurde.[8]

Den Imperialismustheorien ermangelte es stets an einer historischen Tiefendimension, die allein das Problem imperialer Ordnungskomplexe auf einen universalgeschichtlichen Begriff bringt, der es erlaubt, die Bedingung der Möglichkeit imperialer Reichsbildung im 21. Jahrhundert kritisch zu diskutieren. Denn der auf die Expan-

---

4 Zit. n. John *Gray*, The Mirage of Empire, in: *New York Book Review*, Nr. 2, January 2006, S. 4–8.

5 Charles S. *Maier*, Among Empires - American Ascendancy and Its Predecessors, Cambridge, MA, 2006, S. 2.

6 Vgl. Michael *Hart*/Antonio *Negri*, Empire, New York 2002; Leo *Panitsch*/Colin *Leys* (Hrsg.), The New Imperial Challenge, London 2004; Max *Böhnel*/Volker *Lehmann* (Hrsg.), American Empire, Berlin 2003.

7 Vgl. Hans-Ulrich *Wehler*, Einleitung, in: ders. (Hrsg.), Imperialismus, Köln 1970, S. 11; vgl. auch Wolfgang J. *Mommsen* (Hrsg.), Der moderne Imperialismus, Stuttgart 1971.

8 Vgl. Joseph A. *Schumpeter*, Aufsätze zur Soziologie, Tübingen 1953, S. 72–146.

sionspolitik der Großmächte des 19. Jahrhunderts zentrierte Imperialismusdiskurs wie auch seine Fortschreibung im 20. Jahrhundert betrachtete die politische Welt stets vom Standpunkt der modernen Nationalstaatlichkeit, die sich grundsätzlich von vormodernen Formen der Reichsbildung unterscheide. Diese konzeptionelle Vorgabe der modernen Imperialismustheorie ist heute auf dem Prüfstand angesichts der weltpolitischen Rolle der USA nach dem Ende der weltpolitischen Bipolarität. Das evoziert eine Frage, welcher sich der Imperialismusdiskurs nie stellen musste: Was ist ein Imperium? »Womöglich ließe sich leichter eine Antwort darauf finden«, erläutert Herfried *Münkler* in seiner großen Studie Imperien, »wenn es in den vergangenen Jahrzehnten eine sozialwissenschaftlich ausgerichtete Imperiumsforschung gegeben hätte, die verlässliche Kriterien für Imperialität entwickelt hätte«. Es gebe zwar mannigfache historiographische Darstellungen zu einzelnen Imperien und komparative Studien zum Imperialismus, »aber die Frage, was ein Imperium ist und worin es sich von der in Europa ausgebildeten Ordnung des Territorialstaats unterscheidet, ist so gut wie unbearbeitet geblieben«. So erkläre sich die Unschärfe und Beliebigkeit in der Verwendung des Imperiumsbegriffes in der aktuellen Debatte.[9]

Es herrscht politische ebenso wie konzeptionelle Konfusion, wenn von der »Pax Americana« und den USA als einem neues Rom die Rede ist. Für die antiimperialistische Amerika-kritische Kampfliteratur ist dies keine Frage, aber hier ersetzt Ressentiment zumeist die begriffliche Analyse. Andererseits haben gelehrte Leser der Rumsfeld-Studie auf die Frage nach dem imperialen Charakter der USA im Sinne der in den historisch-politischen Disziplinen vorherrschenden Lehrmeinung mit einem klaren »Nein« beantwortet. Der Klassizist Bernard *Knox* sagte kurz und bündig: »Empires are pretty well dead; their day is gone.« Niall *Ferguson,* selbst Verfasser einer großen historischen Studie »Empire« meinte, »it is rather sweet«, dass das Pentagon die antiken Reiche studiert, doch Lehren ließen sich hieraus nicht ziehen. »The technological and economic differences between modernity and pre-modernity are colossal.« Zudem fehle den Amerikanern der animus zum empire-building, der noch die Briten ausgezeichnet habe. Aus *Ferguson* spricht jedoch Enttäuschung, Enttäuschung darüber, dass die USA ihrer imperialen Aufgabe nicht gewachsen sind, votiert er doch für ein »liberales Imperium« nach britischem Vorbild als zukunftsträchtige Antwort auf die Herausforderungen einer aus den Fugen geratenen Weltordnung.[10] Auch Herfried *Münkler* äußerte sich ursprünglich skeptisch in dieser Hinsicht: Nur das Römische Reich, das britische Empire und vielleicht das Chinesische Reich seien wirtschaftlich und zivilisatorisch zu einer solchen Integration großer Räume fähig gewesen, den Amerikanern ermangele es den hierzu nötigen Voraussetzungen.[11] *Maier* bleibt ambi-

---

9 Vgl. Herfried *Münkler,* Imperien – Die Logik der Weltherrschaft – vom alten Rom bis zu den Vereinigten Staaten, Berlin 2005, S. 15.

10 Vgl. Maureen *Dowd,* a.a.O. (Anm. 1); Niall *Ferguson,* Colossus, The Price of America's Empire, New York 2004.

11 Herfried *Münkler,* Pax Americana – die USA, ein neues Rom, in: *Neue Zürcher Zeitung (NZZ),* 29.3.2003.

valent in seinem Urteil. Er nennt sein Buch »an extended essay that compares some of the recurrent elements of empires and asks to what extent the United States share these attributes and what are some of the possible consequences for our current political choices. At the end I have decided to avoid claiming that the United States is or is not an empire.«[12] *Münkler* hat sicher recht, wenn er darauf verweist, dass die Europäer »die Fähigkeit eingebüßt (hätten), die Ordnungsleistung und Funktionsweise von Imperien zu verstehen. Das macht die Verständigung mit den Amerikanern so schwer, zumal die selbst nicht wahrhaben wollen, dass sie ein Imperium regieren.«[13] Während *Maier* den weltpolitischen Aufstieg der USA im 20. Jahrhundert auf die historiographisch reflektierten Strukturmerkmale von Imperien hin untersucht, ist *Münkler* davon überzeugt, dass die Bestimmung dessen, was ein Imperium ist und »worin sie sich von anderen Ordnungsstrukturen des Politischen unterscheiden«, nicht nur der geschichtswissenschaftlichen Retrospektive überlassen bleiben kann. Denn nur so ist es möglich, »aus der vergleichenden Betrachtung von Weltreichbildungen einen nennenswerten Gewinn für die Analyse der neuen Weltordnung und der Rolle der USA in ihr zu ziehen«. Er argumentiert durchaus gegenwartsbezogen dafür, dass das Phänomen der imperialen Ordnung erneut in systematisch-theoretischer Absicht zum Gegenstand politikwissenschaftlicher Untersuchung werden müsse.[14]

Der Aufstieg und Fall der großen Reiche gilt wissenschaftsdisziplinär gesehen als die Domäne der Historiker. Sie stehen in der Tradition des frühmodernen Denkens, für das im Sinne *Montesquieus* »Considérations sur les causes de la Grandeur des Romains et de leur décadence« Rom die paradigmatische Verlaufsgeschichte einer politischen Ordnung dokumentierte. *Montesquieu, Montague, Gibbon* bis hin zu *Niebuhr* zogen im »römischen Gespräch«, wie Walter *Rehm* dies nannte, zeitdiagnostische Folgerungen aus der römischen Geschichte.[15] Soweit sich das frühneuzeitliche Geschichtsdenken von *Voltaire* bis *Hegel* zur »Philosophie der Geschichte« verdichtete, lieferte die Abfolge der Großreiche vom alten China bis in die jeweilige Gegenwart die Leitidee für die teleologische Konstruktion einer Weltgeschichte.

Die pragmatische, das heißt an den jeweiligen imperialen Konfigurationen ausgerichtete Geschichtsschreibung der Reiche ist sich uneinig über die geschichtliche Reichweite des von ihr untersuchten Phänomens, wenn sie den sicheren Boden der sogenannten Vormoderne verlässt. Wann endet das Zeitalter der Imperien? Richard *Koebner* datiert »the eclipse of empires« auf das Jahr 1815, in dem *Napoleon* endgültig von der politischen Bühne verschwindet.[16] Paul *Kennedy* hingegen prognostiziert

---

12 Vgl. Charles S. *Maier* (Anm. 5), S. 3

13 Zit. nach Jörg *Lau,* Der Ein-Mann-Think-Tank, in: *Die Zeit,* 6.11.2003.

14 Vgl. *Münkler,* Imperien (Anm. 9), S.15 f.; vgl. auch ders., Das Prinzip Empire, in: Ulrich *Speck*/Natan *Sznaider* (Hrsg.), Amerika- Perspektiven einer neuen Weltordnung, München 2003, S. 15-37.

15 Vgl. Walter *Rehm,* Der Untergang Roms im abendländischen Denken, Leipzig 1930.

16 Vgl. Richard *Koebner,* Empire, Cambridge 1961, S. 281 ff.

in seiner Untersuchung über den Aufstieg und Fall der großen Mächte seit der Renaissance den Fall der Weltmächte USA und UdSSR für die nahe Zukunft – eine Vorhersage mit bedingter Treffersicherheit.[17] Stellen für die Historiker die Imperien, zumindest bis ins 19. Jahrhundert oder gar bis zum Ende des Ersten Weltkrieges, der die letzten Fragmente der alten Imperien, die Österreich-Ungarische Monarchie und das Osmanische Reich, zerschlug, einen eigenständigen Faktor von universalgeschichtlicher Bedeutung dar, so haben sie doch mehrheitlich das Ende der Weltreiche proklamiert.[18] Für die moderne Politikwissenschaft gilt *Münklers* Verdikt von der »Imperiumsvergessenheit«. Sie war und ist fixiert auf den Nationalstaat als dem zentralen Objektbereich der Untersuchung, auch dort, wo in der herrschenden strukturfunktionalistischen Lehre der »Staat« zum »politischen System« mutiert ist. In dem der politischen Evolution des modernen Systems verpflichteten Klassifikationsschema politischer Ordnungen erscheinen »bureaucratic empires« lediglich als prämoderne Entwicklungsstufen der politischen Modernisierung. Was die imperialen Aspirationen totalitärer Regime angeht, sind sie kategorial gesehen irrelevant. Für die Politikwissenschaft sind die Imperien in der Tat gestorben, um so irritierter reagiert sie auf politische und intellektuelle Diskurse, die eine zumindest ideenpolitische Wiederauferstehung imperialer Ideen verheißt, wie sie im neueren Imperiumsdiskurs thematisiert wird.

Ferguson wie auch *Maier, Münkler* und andere[19] argumentieren, wenn auch unterschiedlich akzentuiert, machtpragmatisch für die historische Relevanz der Idee einer imperialen Ordnung, wobei diese gleichsam idealtypisch durch synchronischen Zugriff auf die verschiedenen dem geschichtlichen Konsens nach als Imperium ausgewiesenen Ordnungskonfigurationen rekonstruiert wird. Doch auch eine historisch fundierte synchronische Analyse der essentiellen Strukturmerkmale von Erscheinungsformen des Imperialen kann nicht von der Frage absehen, ob nicht deren diachronische Verortung im globalen geschichtlichen Prozess Ablaufmuster freilegt, welche wiederum typologische Differenzierungen im Feld imperialer Ordnungsformen notwendig machen und somit auf die Resultate der synchronischen Analyse zurückwirken.

Hierin besteht m.E. die theoretische Schwäche der neueren systematischen Ansätze, für welche die Arbeiten *Maiers* und *Münklers* in gewissen Sinn repräsentativ sind Beide Autoren, *Maier* in höherem Maße als *Münkler,* verknüpfen ihre Untersuchungen imperialer Formen mit der aktuellen US-amerikanischen Problematik imperialer Politik, was notwendigerweise zu impliziten und expliziten historischen Differenzierungen zwingt, die aber systematisch nur bedingt ausgewiesen werden. *Maier* ist, wie

---

17 Vgl. Paul *Kennedy,* Aufstieg und Fall der großen Mächte, Frankfurt 1989.

18 Vgl. Alexander *Demandt* (Hrsg.), Das Ende der Weltreiche, München 1997; Helmut *Altrichter*/Helmut *Neuhaus* (Hrsg.), Das Ende von Großreichen, Erlangen 1996.

19 Beispielsweise Deepak *Lal,* In Defense of Empires, Washington 2002; Stephen *Howe,* Empire: A Very Short Introduction, Oxford 2002.

viele andere Autoren, weitgehend dem historiographischen Konventionalismus verpflichtet und gewinnt seine Bestimmung des Komplexes der »recurring elements of empires« im wesentlichen durch Analogieschluss aus einem unsystematischen Rekurs auf ganz unterschiedliche imperiale Phänomen wie die europäische Kolonialreiche, das mittelalterliche, das osmanische, römische und chinesische Reich unter Einschluss der frühen Hochkulturen in Ägypten und Mesopotamien. *Münkler* hingegen unterläuft diese Konvention: er entwickelt heuristische Kriterien, welche eine Typisierung imperialer Ordnungskomplexe als Phänomen sui generis erlauben, insofern sie diese gegen den institutionellen Flächenstaat und hegemoniale Vorherrschaft konturieren und den Imperiumsbegriff selbst dahingehend präzisieren, dass »Weltreiche gegen regionale Reiche oder kurzlebige Imperiumsbildung« abgegrenzt werden können. Das »Weltreich« repräsentiert also das Imperium par excellence und die »Logik der Weltherrschaft« ist folgerichtig der Gegenstand von *Münklers* historisch-politischen Analyse. Bevor dieser systematisch durchaus überzeugende Ansatz der Imperiumsforschung kritischen Überprüfung unterzogen wird, ist es geboten, noch einen kurzen Blick auf den begriffsgeschichtlichen Befund einzugehen, den *Münkler* ebenso wenig wie *Maier* berücksichtig und dies wohl zu Recht, wie sich aus dem folgenden erschließen lässt.

Der bereits genannte Historiker Richard *Koebner* untersuchte die historische Evolution des Konzepts Empire in der europäischen Geschichte von den römischen Anfängen bis zum Zeitalter Napoleons mit besonderer Berücksichtigung der angloamerikanischen politischen Semantik. Er zeigt den prägenden Einfluss der römischen Reichsidee nicht nur auf die spätere europäische Begriffsbildung, sondern arbeitet im Besonderen die jeweilige Nostrifizierung des Begriffs in variierenden politischen Kontexten der europäischen Politik bis zum Napoleonischen Empire heraus. Er verdeutlicht somit das nach Zeit und Ort unterschiedliche Verständnis von Imperium/Empire und deren Funktion im politischen Diskurs. Die daraus resultierende Plurivalenz der historischen Semantik des Begriffs schließt sachlogisch eine allgemeine kategoriale Bestimmung dessen, was ein Imperium ist, aus.[20]

Ähnliches ergibt sich aus der Untersuchung der Geschichte des Reichsbegriffes in den geschichtlichen Grundbegriffen, schon deswegen, weil der deutsche Reichsbegriff sich seiner Bedeutung nach nur bedingt in Deckung bringen lässt mit den Begriffen Imperium bzw. Empire. Denn »(d)er Terminus »Reich« (»imperium«, »regnum«) bildet … vermutlich das komplizierteste, vielschichtigste und aspektreichste Begriffsfeld älterer Staatssprache«. »Für sich genommen, spannt sich der Terminus ›Reich‹ in verwirrender Vielfalt vom Abstraktesten und Umfassendsten (›Reich Gottes‹) bis zum Konkretesten und Kleinräumigsten (einige Dörfer im ›Kröver Reich‹)«. Deswegen verzichten die

20 Vgl. Richard *Koebner*, Empire, Cambridge 1961; *Koebners* Periodisierung entsprechend wird dann im Fortsetzungsband ausschließlich der Imperialismusbegriff behandelt: Richard *Koebner/*Helmut Dan *Schmidt*, Imperialism: The Story and Significance of a Political Word, Cambridge 1964.

Autoren auf darauf, eine »konsistente Begriffsgeschichte« des Terminus vorzulegen.[21] Die spezielle Begrifflichkeit von World Empire, Weltreich und Weltherrschaft wird, soweit ich sehe, nirgendwo besonders thematisiert. Die deutsche Terminologie verdankt wohl seine Entstehung der Historiographie des 19. Jahrhunderts, eine Eindeutschung des lateinischen Begriffs imperium mundi, und setzt sich sowohl im politischen wie auch im wissenschaftlichen Diskurs durch.[22] Auch für imperium mundi werden nur Engelbert *von Admont* und *Dante* angeführt.[23] Den römischen Imperiumsbegriff selbst hat Werner *Suerbaum* detailliert untersucht und dessen Wandel zur »rein räumlichen Vorstellung von imperium im Sinne ›Reich‹«, das heißt Herrschaft über den orbis terrae, der in der imperialen Vision zum orbis Romanus mutiert, rekonstruiert.[24] Dem Studium dieser römischen Reichsidee verdanken wir auch Joseph *Vogts* Präzisierung dessen, was in der Geschichtswissenschaft mit dem Begriff des Imperiums im Sinne eines Weltreiches gemeint sein kann. »Wir betrachten als wesenhaft für das Reich das Dasein einer weitausgreifenden politischen Macht, die in einem großen Raum für viele Völker die Fragen der Herrschaft und des Dienstes dauerhaft regelt. In diesem Ordnungsgefüge muss ein geistiges Band wirksam sein, ein einheitliches Ziel sichtbar werden. Über die Regelung des materiellen Getriebes hinaus müssen die Glieder vom Ganzen her die Geborgenheit ihres Lebens gewinnen und den Sinn ihrer Opfer empfangen. So erweist sich das Reich als Einheit von Macht und Geist in einem weltweiten Raum.«[25] Sieht man vom römischen für das westliche Verständnis eines Imperiums kostitutiven Fall ab, so zeigt der knappe begriffsgeschichtliche Exkurs, dass aus der begriffsgeschichtlichen Forschung zum neuzeitlichen Imperiumsbegriff kaum ein Kriterienkatalog für eine Differentialanalyse des imperialen Ordnungstyps gewonnen werden kann, den Münkler zu Recht einfordert.

Hier genügt es auf die offensichtlichen Voraussetzungen erfolgreicher Imperiumsbildung hinzuweisen: die zeitliche Dauer und räumliche Ausdehnung imperialer Macht. Doch was weist einen solchermaßen raum-zeitlich konsolidierten Machtkomplex imperialen Zuschnitts als »Weltreich« aus? Für *Münkler* markiert die Frage, was unter »Welt« zu verstehen sei, eines der »schwierigsten Probleme bei der Bestimmung von Weltreichen«. Er sieht durchaus, dass die »Welt« nicht durch den »geographischen Umriss von Kontinenten oder die physischen Ausmaße des Globus festgelegt werden kann. Die Gestalt der Ökumene wird durch das jeweilige Blickfeld und den Horizont von Zivilisationen bestimmt ... So hat sich der Weltherrschaftsanspruch der Imperien von der Antike bis heute immer stärker ausgeweitet, und infolgedessen ist inzwischen auf dem Globus tatsächlich nur noch Platz für ein einziges Imperium - gemäß

---

21 Vgl. Werner *Conze*/Elisabeth *Fehrenbach*, Reich, in: Otto *Brunner*/Werner *Conze*/Rainer *Koselleck* (Hrsg.), Geschichtliche Grundbegriffe Bd. 5, S. 423-508, 423.

22 Vgl. inzidentielle Verweise bei *Conze/Fehrenbach*, S. 506.

23 Vgl. ebenda, S. 451; soweit ich sehe, spricht *Engelbert* zumeist von der monarchia mundi; zu *Dante* vgl. Monarchia II,8, Ruedi *Imbach*/Christoph *Flüeller* (Hrsg.), S. 154 und passim.

24 Vgl. Werner *Suerbaum*, Vom antiken zum frühmittelalterlichen Staatsbegriff, Münster 1970, S. 56.

25 Vgl. Joseph *Vogt*, Vom Reichsgedanken der Römer, Leipzig 1942, S. 5 f.

dem Merkmal, wonach Imperien auf ihre Einmaligkeit und Einzigartigkeit bestehen müssen.«[26] Dies beschreibt einen entscheidenden, aber in der machtpragmatisch vergleichend angelegten Studie des Imperiumstheoretikers *Münkler* nicht zureichend berücksichtigte Sachverhalt, der aller Weltreichbildung zu Grunde liegt und deren jeweiligen geschichtlichen Ort bestimmt. Sie beruht einmal auf einer Vorstellung von »Welt« im Sinne der Ökumene, das heißt der »bewohnten Welt«, und diese Vorstellung ist das geschichtliche Resultat eines Umbruchs im menschlichen Selbstverständnis. Die Entdeckung der Ökumene als menschlicher Handlungsraum fällt historisch zusammen mit der Emergenz universaler Symbolismen, denen die Vision einer Ordnung der Ökumene als verpflichtender Auftrag des Handelns entspringt. Damit ist der historische Terminus a quo der Weltreichsbildung markiert, insofern sich nunmehr konkurrierenden ökumenischen Vorstellungswelten und diesen entsprechende konkurrierende Ordnungsvisionen formieren, die sich wechselseitig ausschließende universale Geltungsansprüche erheben ... »Alle Imperien mit längerem Bestand«, sagt *Münkler,* »haben sich als Zweck und Rechtfertigung ihrer Existenz eine weltgeschichtliche Aufgabe gewählt, eine Mission, die kosmologische oder heilsgeschichtliche Bedeutung für das Imperium reklamierte.« Die imperiale Mission ist mehr als die Selbstlegitimation des Weltreiches, denn durch »die imperiale Mission verwandelt sich die Selbstlegitimation eines Imperiums in dessen Selbstsakralisierung ...«[27] Am Anfang eines Imperiums mögen zufällige machtpolitische Konstellationen stehen, doch die solchermaßen generierten Machtkomplexe bedürfen der sinnstiftenden Ordnungsinterpretation, um als Weltreich handlungsfähig zu werden. Die Berufung auf die universale Mission ist condicio sine qua non für ein Weltreich und ihre symbolische Form ist nicht historisch zufällig, noch ist sie nur ideologische Machtressource, die pragmatisch beliebig gewählt oder eingesetzt wird. Die Logik der Weltherrschaft beruht auf der Ordnungslogik der universalen Vision. Somit ist mit dem Machtphänomen imperialer Ordnung durchweg ein ideenpolitisches Moment verknüpft, dessen Geschichtsmächtigkeit die politische Formensprache imperialer Visionen bestimmte und bis in die Gegenwart prägt.

Die folgende Erörterung spürt diese für die Idee der imperialen Ordnung konstitutiven Zusammenhang in einer notwendigerweise knappen historisch-philosophisch angelegten Analyse nach.

II.

Die Idee und Realität des Universal- oder Weltreiches bricht sich historisch Bahn, darüber herrscht wissenschaftlicher Konsens, ab dem 6. Jahrhundert vor Christus auf dem euro-asiatischen Kontinent. Dieser emergente Typus einer neuartigen politischen Organisation unterscheide sich signifikant von dem kosmologischen Ordnungstyp

26 Vgl. *Münkler,* Imperien (Anm. 9), S. 25 f.
27 Vgl. ebenda., S. 132,135.

der frühen Hochkulturen, die in diese Imperien aufgehen. Die Epoche multizivilisatorischer Imperien beginnt mit der iranischen Expansion über Mesopotamien bis zum Indus im Osten und bis zum Mittelmeer und Ägypten im Westen. Schon Eduard *Meier* sagte vom Reich der Achämeniden, es habe »zuerst von allen Staaten, welche die Geschichte kennt, den Anspruch auf Universalität« erhoben.[28] Dem Perserreich folgte die makedonische Expansion, die Reiche der Diadochen, das Maurya-Reich und schließlich die Imperien der Römer und der Sassaniden. Unabhängig davon formiert sich zum Ende des 2. Jahrhunderts v. Ch. das chinesische Reich. Im euro-asiatischen Westen markieren der Aufstieg des Persischen Reiches und der Untergang des Römischen Reiches die Epoche der antiken Universalreiche, die neben den genannten imperialen Ordnungen kurzfristig gelungene oder auch abortive Reichsbildungen kennt. Ausgangspunkt waren machtpragmatische Experimente in Eroberungspolitik, die Machtvakua füllten und unterschiedliche Ethnien, Kulturen und Gesellschaften unter das Joch einer ihnen fremden herrschaftlichen Ordnung zwangen, die weitgehend den Charakter einer Militärmonarchie annahm. Das Machtmotiv erklärt jedoch nur bedingt den politischen Willen, der sich in den imperialen Kreationen artikuliert, denn in diesen kommt durchaus eine sinnstiftende Ordnungsidee zum Ausdruck, die unmittelbar mit der Dynamik des Machtprozesses zusammenhängt. Die von mir so bezeichneten Machtvakua resultierten nicht zuletzt auf der im Einzelfall unterschiedlichen Desintegration der kosmologischen Ordnungen, die sich als Analogon zur kosmischen Ordnung verstanden, das im Prinzip - wenn auch nicht de facto - nicht auf Expansion angelegt war, sondern eine in sich geschlossene Gesellschaft repräsentierte. Wirken binnenpolitische Wandlungsprozesse und militärisch-politischer Druck von Außen zusammen, so öffnet sich der Raum für machtpragmatische und symbolpolitische Umbrüche, welche insgesamt die Signatur dieser Geschichtsepoche - und hier beziehe ich mich vorerst auf den Westen der euro-asiatischen Welt - bestimmen.

Die Emergenz der Weltreiche erster Ordnung konvergiert unmittelbar mit fundamentalen kulturellen Transformationsprozessen, der achsenzeitlichen Revolution im Bereich der Ideen und ihrer institutionellen Basis, »die auf einige mächtige Kulturen und auf die Menschheitsgeschichte insgesamt unauslöschliche Auswirkungen hatte«. Sie evozierte jene geistig-spirituellen Aus- und Umbrüche, welche in vielfältiger Gestalt das menschliche Selbstverständnis umbildete bis zu jenem Punkt, an dem die Realität von Gott, Mensch, Welt, Gesellschaft und Geschichte in ihrer jeweiligen Differenz bewusst und im Begriff einer grundlegenden Spannung zwischen transzendentaler und temporaler Ordnung gefasst wurde. Träger dieses neuen Selbstverständnisses war »eine geistige Elite neuer Art«. Sie »erkannte die Notwendigkeit, die Welt nach einer transzendenten Vision zu formen. Die erfolgreiche Institutionalisierung solcher Vorstellungen und Visionen führte zu einer weitreichenden Umgestaltung der Gesellschaftsordnungen und ihrer inneren Beziehungen.«[29] »The outbreak of imperial

28 Vgl. Eduard *Meyer,* Geschichte des Altertums IV,1, Darmstadt 1975, S.21.

29 Vgl. Shmuel *Eisenstadt* (Hrsg.), Kulturen der Achsenzeit I, Frankfurt 1987, S. 10 f.

expansion was thus accompanied by an opening of spiritual horizons that raised humanity to a new level of consciousness.«[30] Die Epoche der Weltreiche bringt auch die großen symbolischen Formen menschlicher Selbstinterpretation hervor - in Chiffren: die Philosophie, Judentum, Christentum, Buddhismus, Hinduismus, Konfuzianismus, Taoismus und Zoroastrianismus, die bis in die Gegenwart hinein die historisch-politische Welt gestalten, nicht im Sinn eines Kausalnexus, sondern im Sinn einer geschichtlichen Konfiguration, die Eric *Voegelin* mit dem Begriff des »Ecumenic Age« umschrieb.[31] Die intellektuell-religiöse Horizonterweiterung, wie sich etwa in der Periegese des griechischen Historikers *Herodot* dokumentierte, öffnete die räumlichen Horizonte der Ökumene, das heißt der von Menschen bewohnten Welt, in einer Weise dem Zugriff der Macht, die unter den Bedingungen der frühen Hochkulturen nicht gegeben waren. Diese Entgrenzung der Ökumene, die als durch das Wasser des Okeanos umgebener endlicher Raum vorgestellt werden konnte, setzte dem Machtwillen das Telos ihrer imperialen Beherrschung. Insofern die geistig-religiösen Formen der Resymbolisierung menschlicher Existenz die Ökumene jeweils auf eine transzendente Ordnung bezogen, konnten sie zum Motiv der Ordnungstiftung werden. Unter dem Gesichtspunkt der einen transzendenten Wahrheit und Wirklichkeit konnte es stets auch nur eine Welt geben, welche die imperiale Herrschaft repräsentiert. Diese bildet das Ordnungszentrum, in welchem symbolische Repräsentation und machtpolitischer Führungsapparat idealerweise zur Deckung kommen in der institutionellen Gestalt einer sakralen Universalmonarchie. Die imperiale Ordnung verstand sich als Ausdruck einer transzendent gestifteten ökumenischen Menschheit. »A power organization informed by the pathos of representative humanity, and therefore of mankind - that would be the core, as it emerges from the historical phenomena, of a definition of world-empire,«[32] folgert *Voegelin,* der später nicht von Weltreichen, sondern von Ökumenischen Reichen sprach, weil diese Reiche eine Deutung der Humanität transportierten, die den tribalistischen und ethnischen Rahmen sprengte und einen Typ ökumenischer Humanität hervorbrachten, der bis in die modernen Zivilisationen hineinwirkt.[33] Für den Entstehungszusammenhang der Weltreiche im Kontext der Achsenzeit charakteristisch ist die tentative Verknüpfung von imperialer Macht und den genannten geistigen Bewegungen des spirituellen Umbruchs.

Schon das Achämenidenreich assoziierte sich mit dem Zoroastrianismus, der dann im Sassanidenreich erneut die imperiale Legitimitätsbasis lieferte. *Alexanders* Ökumenismus einer Verschmelzung von Griechen und Persern und den zahlreichen Völkerschaften unter seiner Herrschaft unter dem hellenischen Ordnungsbegriff der homonoia unter einem göttlichen Vater repräsentiert durch den Gottkönig *Alexander* ist

30 Vgl. Eric *Voegelin,* World-Empire and the Unity of Mankind, in: ders., Collected Works 11, Columbia 2000, S. 135; vgl. hierzu Geoffry *Barraclough,* Eric Voegelin and the Theory of Imperialism, in: Peter J. *Opitz*/Gregor *Sebba* (Hrsg.), The Philosophy of Order, Stuttgart 1981, S. 173-189.

31 Vgl. Eric *Voegelin,* The Ecumenic Age, = Collected Works 17, Columbia 2000.

32 Vgl. *Voegelin,* World-Empire (Anm. 30), S. 136 f.

33 Vgl. *Voegelin,* Ecumenic Age (Anm. 31), S. 107.

aus den retrospektiven Quellen schwer zu eruieren. Hier wie in den hellenistischen Nachfolgemonarchien schöpft die imperiale Ordnungsidee aus dem symbolischen Repertoire der hellenisch-orientalischen Kultur. Im Osten alliiert sich das kurzlebige Asokareich mit dem Buddhismus, und ähnlich legitimiert sich die chinesische Reichsbildung durch die Allianz mit dem Konfuzianismus, der sich im weiteren Verlauf der Reichsgeschichte taoistisch und buddhistisch einfärbte. Die Verschränkung von imperialer Eroberung und »neuer Wahrheit« gilt für die Fälle der Polisphilosophie und der altisraelischen Offenbarungsreligion nicht in der gleichen Weise, vermochten sie doch nicht sich als symbolische Form unmittelbar einer imperialen Ordnung, sei es der Polis, sei es Israels, anverwandeln. Das für die westliche Idee des Imperiums stilbildende Rom gewinnt erst im Zuge seiner Expansion gegen Ende der alten Adelsrepublik sein Selbstverständnis als Herrscher und Repräsentant des »orbis terrarum«, das sich im Prinzipat bei Vergil zur theologisch-politischen Idee von der Roma Aeterna verdichtete, dessen Weltmission dem Erdkreis Ordnung und Frieden verheißt. Diese latente Fundierung der Ordnung durch eine universal konzipierte Transzendenz durchläuft vielgestaltige symbolische Metamorphosen, bis nach Experimenten mit dem Baal von Emesa, dem Sol Invictus das Imperium schließlich Herrschaft und Heil im Gott der Christen konvergierten.

War das hier knapp und vereinfacht skizzierte ökumenische Zeitalter durch diese tentative und experimentelle Wechselbeziehung zwischen imperialer Machtentfaltung und geistig-religiösem Aus- und Aufbruch gekennzeichnet, so folgt darauf eine zweite für den Westen der euro-asiatischen Welt konstitutive Reihe von neuartigen gesellschaftlichen Formationen des imperialen Typs: die orthodoxen Reiche. Sie beziehen ihre die Herrschaft legitimierende Ordnungsidee aus der Allianz mit den zwischenzeitlich soziokulturell etablierten, in sich geschlossenen und durch selbstreferenzielle Orthodoxie stabilisierten geistig-religiösen Symbolisierungen mit universalem Geltungsanspruch auf Menschheitsrepräsentation in Gestalt voll institutionalisierter Reichstheologien: das östliche Reich der griechischen Christenheit der Byzantiner und, in deren Gefolge, der Bulgaren und Russen, das Reich der lateinischen Christenheit, die islamischen arabischen Reiche und die Reiche der Seldschuken, Mogule und Osmanen, und die neokonfuzianischen Reich im Fernen Osten. Den Mongolenreichen kommt eine eigentümliche Zwischenstellung zu, die hier im Einzelnen nicht erläutert werden kann.[34] Jedes dieser Reiche war ökumenisch in seinem Anspruch auf Vertretung der Menschheit und prinzipiell auf globale Expansion angelegt. Diese Phase weltgeschichtlicher Reichsbildungen ist ungeachtet aller Metamorphosen, welche sie in ihrer konkreten Gestaltung durchliefen, bis zum Ende des Ersten Weltkrieges geschichtlich präsent geblieben.

Die ökumenischen Reiche der Achsenzeit zeigen die Geschichtsmächtigkeit des neuen Typus politischer Ordnung, dessen Herrschaftslogik auf der Vorstellung be-

---

34 Vgl. Vgl. *Münkler*, Imperien, (Anm. 9) S. 89 f.

ruhte, dass die unsichtbare Ordnung und die Ordnung der »Welt« machtpragmatisch in Übereinstimmung gebracht werden konnten, also kommensurabel waren. Unter der Voraussetzung eines begrenzten geographischen Horizontes funktionierte diese Vorstellung, musste jedoch an der Realität scheitern, wenn im Zuge der Expansion sich unerwarteter Weise immer neue Räume der Ökumene auftaten und schließlich zum Ende dieser Epoche das Phänomen rivalisierender Imperien und universaler Geltungsansprüche auf die Idee des Weltreichs zurückwirkten. Orthodoxe Reiche beziehen nunmehr ihren Sinn- und Ordnungsgehalt aus der unmittelbaren Anverwandlung spezifischer postachsialer symbolischer Formen, die das Imperium als alleinigen Repräsentanten der Menschheit transzendental legitimiert und damit zugleich konkurrierende Geltungsansprüche delegitimiert. Die de facto territoriale Begrenzung der Herrschaft wird in den orthodoxen Reichen weniger bedeutsam, denn de jure repräsentieren sie den Erdkreis. Die Idee einer potenziell christlichen oder islamischen Ökumene lädt nach wie vor zur territorialen Expansion ein, doch deren begrenzte Möglichkeit destabilisiert nicht das Imperium, wie am Beispiel von Byzanz gezeigt werden kann. Die diachronische Betrachtung verdeutlich nicht nur ein intellegibles historisches Muster in der Abfolge imperialer Formationen, sondern verdeutlicht auch die typologischen Unterschiede imperialer Ordnungskonstellationen, die eine strikt synchronische auf Analogien abhebende Analyse nicht in den Blick bringt.

Dies gilt in gleicher Weise für jene Phase imperialer Ordnung, die im Kontext des Zerfalls der Orthodoxen Reiche und dem Aufstieg einer neuartigen Form politischer Organisation, den Nationalstaaten, ihren Ursprung hat.

In der uns geläufigen Retrospektive ist die europäische Moderne seit 1500 durch die Emergenz dieses neuen Typs politischer Ordnung bestimmt. Doch gerade die klassischen Nationalstaaten Spanien, England und Frankreich bildeten Machtzentren, welche der Ausgangspunkt global ausgreifender imperialer Eroberungspolitik geworden sind, die sich aus universalen Visionen postreformatorischer Observanz begründet, deren jede sich aus dem symbolischen Fundus der Orthodoxie bedient und sich als symbolische Repräsentation authentischer Humanität versteht. In ihrer Binnenstruktur unterscheiden sich die Kolonialimperien schon deswegen, weil die Ordnungslogik des Imperiums in Widerspruch geraten muss mit der Ordnungslogik des Nationalstaates.

Dies gilt auch für das Britische Empire, das zumindest tendenziell die Kriterien der Weltherrschaft erfüllt hat. Dem europäischen Nationalstaat gelang eine Mobilisierung seiner Machtressourcen, die ihm eine einzigartige Beherrschung der globalen politischen und ökonomischen Arena sicherte; die globale Ökumene und die Welt waren eins geworden und forderten die imperialen Aspirationen der Nationalstaaten heraus, denen nachzugeben allerdings einen ordnungspolitischen Modellwechsel erfordert hätte. Ein europäischer Nationalstaat konnte zwar seit dem 16. Jahrhundert den globalen Eroberer spielen, wo immer ein Machtvakuum sich auftat, und damit einen gewissen Grad von Imperialität erreichen, und besonders die englischen Führungseliten begeisterten sich für die Schaffung eines weltumspannenden Reiches der Gerechtigkeit, der Freiheit und des Friedens, wie es der imperiale Visionär und praktizierende Imperialist Cecil *Rhodes* proklamierte.[35]

Doch eine dieser kommensurable Ordnungsidee stand dem Nationalstaat nicht mehr zu Gebote. Gewiss, die imperiale Herrschaft legitimierte sich durch die Idee einer Zivilisierung der Nichteuropäer, doch der Ordnungsgehalt dessen, was als Zivilisation galt, bemaß sich nach den Ordnungsgehalten des Nationalstaates. Die imperiale Mission rechtfertigte sich aus dem universalen Geltungsanspruch der nationalstaatlichen Ordnungsidee, die letztendlich seit der atlantischen Revolution des ausgehenden 18. Jahrhunderts auf dem Prinzip der nationalen Selbstbestimmung und Unabhängigkeit basierte. Die Logik des Nationalstaats widerspricht jeder Logik der Weltherrschaft. Der englische Staatsmann *Lord Salisbury* »had no doubts, as a good Christian, that the civilized nations had a mission to perform in the world. Their paternalism was best expressed through an authoritative imperial rule. They had a responsibility to the colonial peoples themselves - to protect, equip, and educate them. In doing this, a larger service was also performed, to the idea of civilization itself, since these new recruits to it, properly guided and guarded, would enlarge and enrich the area of civilized life.« Nach *Salisbury* »the African had a right to law, a right to protection, a right to education. But he did not allow that the African had a similar right to self-determination, and why? Because the African had not yet found a self to determine.«[36] Genau die Emergenz dieses Selbsts war jedoch das notwendige, wenngleich unbeabsichtigte Ergebnis des zivilisatorischen Auftrags. Wenn die lokalen Eliten sich die »Glaubenswahrheit« der Reichselite zu eigen machen und ihr entsprechend handeln, dann wird im Namen der »home rule« die imperiale Machtordnung langfristig destruiert. Hier trifft *Münklers* Hinweis zu, das imperiale Raison und imperiale Mission in einen Widerspruch miteinander geraten.[37] Hiermit ist der entscheidende Punkt markiert, an dem die dritte Variante imperialer Ordnung scheitert. Es beginnt mit der amerikanischen Unabhängigkeitserklärung, setzt sich in der lateinamerikanischen Befreiung von der spanisch-portugiesischen Herrschaft fort und endet in einem allgemeinen Prozess der Dekolonisierung.

Stellt man die Frage nach dem imperialen Charakter der USA in diesen geschichtlichen Kontext, dann ist es für diesen Fall durchaus zulässig, von Wiederkehr des Imperiums zu sprechen und im gleichen Atemzug auf die Tatsache hinzuweisen, dass der fundamentale Widerspruch zwischen der Ordnungslogik der amerikanische Republik und den Imperativen einer Weltherrschaft die imperialen Aspirationen langfristig unterminiert. Der universale Geltungsanspruch der Idee des demokratischen Ver-

35 Vgl. Basil *Williams*/Marilies *Mauk*, Südafrika, Berlin 1939, S. 142; vgl. auch Hannah *Arendt*, The Origins of Totalitarianism, New York 1958, S. 214-216.

36 Vgl. Archibald Paton *Thornton*, Doctrines of Imperialism, New York 1964, S. 157 f.

37 Vgl. *Münkler*, Imperien (Anm. 9), S. 234.

fassungsstaates mit jenen universalen Ordnungsideen, die konstitutiv waren und im Sinne einer systematischen Bestimmung des imperialen Ordnungsmodells es noch sind. Was im Prinzip nicht gegen die Rückkehr des Imperiums auf die Bühne der Geschichte spricht, wohl aber dagegen, dass die USA diese Rolle übernehmen können. Washington mag zum »Neuen Rom« mutieren, doch der amerikanische Präsident taugt auf Dauer nicht zum Sakralmonarchen.

III.

Im Folgenden sei abschließend noch einmal das Essential der imperialen Ordnungsform herausgestellt und einige abschließende systematisch-theoretischen Überlegungen hinzugefügt.

Der hier durch allerdings sehr kursorischen Bezug auf empirische Befunde skizzierte Entstehungs- und Wirkungszusammenhang der Idee der imperialen Ordnung hebt auf deren idealtypisch bestimmte Erscheinungsform ab: Die als Menschheitsökumene imaginierte Gesellschaftswelt wird zum Objekt einer machtpragmatisch expandierenden Herrschaft, deren Sinn und Wahrheit durch die Allianz mit achsenzeitlichen Symbolisierungen einer tendenziell universalen Deutung der menschlichen Existenz unter dem Horizont einer machtjenseitigen geistig-religiös begründeten Ordnungserfahrung gestiftet wird. Im Zusammenspiel von Machtordnung und symbolischer Form konkretisiert sich die Idee der imperialen Herrschaft in ihrer geschichtlichen Vielgestaltigkeit, die sich jenseits des ökumenischen Zeitalters in der Gestaltung politischer Vergesellschaftung fortsetzt.

Sinn und Macht, Heil und Herrschaft gehen eine in sich prekäre Verbindung ein, die das Moment der Destabilisierung in sich trägt: Zum einen entgleist der Machtwillen zur Machtlust, wenn die symbolisch vermittelte Ordnungsidee ihrer formativen Kraft der Integration und Sinnstiftung verlustig geht und auf die instrumentelle Funktion der Herrschaftssicherung nach innen und der Herrschaftsexpansion nach außen reduziert wird. Zum andern ist der durch die imperiale Logik vorgegebene ökumenische Herrschaftsanspruch einmal konfrontiert mit dem offensichtlich nicht hintergehbaren Faktum, dass jeder imperiale Zugriff auf das Ganze der endlichen Realität jenseits aller machtpragmatischen Möglichkeiten ist, und weiterhin stößt der universale Geltungs- und Herrschaftsanspruch in einem geschichtlichen Feld potenzieller und realer Machtformationen auf Konkurrenten im Wettstreit um die Weltherrschaft: Makedonien und Persien, Römer und Sassaniden trafen im ökumenischen Zeitalter aufeinander. Die zweite und dritte Phase ökumenischer Imperialität wird durchgehend durch die machtpolitischen und ideenpolitischen Konflikte geprägt, denen die fundamentalen Widersprüche in Gestalt wechselseitiger nationaler Geltungsansprüche zu Grunde lagen. Es kann in diesem Kontext die Vermutung geäußert werden, dass die Fortexistenz des Chinesischen Reiches sich aus der Tatsache erklärt, dass es gelang, konkurrierende Symboliken wie Taoismus und Buddhismus gouvernemental zu zähmen und in den Reichssymbolismus zu integrieren und bis in das 19. Jahrhundert andere geistig-religiöse Herausforderungen ernsthafter Natur nicht auftraten und selbst der Marxismus-Leninismus gleichsam als eine neue Dynastie sich in die Reichskontinuität einfügten. Noch bedeutsamer aber ist der fehlende imperiale Wettbewerb, welche den chinesischen Ökumenismus ungestört in sich selbst existieren ließ.

Universale oder ökumenische Reiche repräsentieren eine Idee der imperialen Ordnung, welche dieser ein Telos, eine Endbestimmung dahingehend vorgibt, dass die Menschheit politisch geordnet werde im Sinne einer der Machtrealität jenseitigen transzendenten Ordnung, welche letztlich die Wahrheit der menschlichen Existenz verbürgt. Das bringt wiederum das Problematische des Imperialen wie jeder derartig kodierten politischen Ordnungsidee ins Spiel. Geht denn, so ist zu fragen, die durch die großen Symboliken geistig-religiöser Existenzdeutung verbürgte Wahrheit in der imperial verbürgten kollektiven Wahrheit des Reiches auf?

Diese Problematik des Telos einer imperialen Ordnung stellte sich schon *Polybios*, der - vorsichtig ausgedrückt - erste Theoretiker des imperialen Phänomens. Als am griechischen Ordnungsdenken geschulter Historiker, nicht als Philosoph, sucht er das Paradoxon zu ergründen, dass es den Römern gelang, innerhalb weniger als fünfzig Jahren fast die ganze Ökumene ihrer Regierungsgewalt zu unterwerfen. *Polybios* benennt als das Telos dieses Prozess der Machterweiterung durch Eroberung die Herrschaft über die Ökumene, dem Machtprozess liegt gleichsam eine politische Entelechie zu Grunde, nach der das imperiale Resultat schon dessen Telos ist. *Polybios* ist ein skeptischer Analytiker der Macht, der auch der römischen Herrschaft über die Ökumene keinen letzten Sinn zugestehen konnte als den, dass sie dem natürlichen Verlauf von Wachstum, Vollendung und Niedergang unterworfen sind wie jeder Körper, jedes Gemeinwesen und jede Tat.[38] Wenn die Vollendung des Imperiums das Telos ist, dann verflüchtigt sich in diesem Moment das Telos, denn der Niedergang ist vorprogrammiert. Genau vor einer solchen letzten Sinnlosigkeit schützt eine aus der Allianz mit geistig-religiösen Ordnungssymboliken geborene imperiale Idee.

Eine Antwort auf die Fragestellung des *Polybios* artikuliert das Neue Testament: »Und diese frohe Botschaft des Königtums soll über die ganze Ökumene hin gepredigt werden, als ein Zeugnis für alle Völker und dann wird das telos kommen.« (Matth. 24,14). Nicht das Königtum einer Herrschaft über die Ökumene ist die Verheißung der Botschaft, sondern ein Königtum, das allein die transzendente Ordnung jenseits der temporalen Ökumene repräsentiert, ist das Endziel. Der Sinn ergibt sich aus dem Bezug zur jüdischen Idee der Apokalypse im Buch Daniel, das zeitgleich mit *Polybios* das Telos der Reiche erörtert: Daniels Vision sieht die Abfolge der vier Weltreiche - Manifestationen des Abfalls von Gott enden durch göttliche Intervention. Das Endzeitszenario sieht die Zerschmetterung der zeitlichen Welt der Reiche schlechthin vor und, in den beiden Visionen Daniels unterschiedlich beschrieben, die Errichtung

---

38 Vgl. The Histories of Polybios, London 1968, Buch I,VI.

einer Gottesherrschaft: »Während der Zeit der Könige wird der Gott des Himmels sein Königreich aufrichten, das nie zerstört werden soll, und dessen Herrschaft keinem anderen Königreich überlassen werden soll; es soll alle diese Königreiche zermalmen und ihnen ein Ende bereiten, während es selber ewig dauern soll« (Dan. 2, 44). *Münkler* ordnet zu Recht den Text dem Makkabäeraufstand zu und deutet ihn als Ausdruck eines religiös-kulturellen »Antiimperialismus«.[39] Doch diese Interpretation trifft die Sache nur bedingt. Die Danielsapokalypse restituiert die achsenzeitliche Spannung von transzendenter und mundaner Ordnung und delegitimiert deren Verknüpfung in der imperialen Reichstheologie und damit die imperiale Ordnung selbst: Das Telos der transzendenten Ordnung liegt jenseits aller Reiche.

Das wurde die jüdische Antwort auf die brutale Eroberungspolitik der hellenistischen Monarchie, und sie wurde die christliche Antwort auf die Frage nach dem Telos irdischer Reichsherrlichkeit schlechthin in Gestalt der Johannesapokalypse. Die apokalyptische Reichsidee stand quer zur Allianz der lateinischen und griechischen Reiche mit der respektiven Orthodoxie. Doch mit der Destruktion dieser Reiche durchlief die apokalyptische Reichsidee jene Repolitisierung, die das ewige Reich Gottes erneut in das Telos einer imperialen Organisation verwandelte. Die Allianz von Imperium und apokalyptischer Vision ist charakteristisch für die totalitären Reichsbildungen. Deren Scheitern bestätigte nur die alte Wahrheit der Apokalyptiker, dass ihr Reich nicht von dieser Welt ist.

Die Idee der imperialen Ordnung ist, so lautet die Schlussfolgerung aus diesen Überlegungen, ein Formprinzip der gesellschaftlichen Realität bis in die Gegenwart geblieben, es ist eine historisch wirksame Modalität des Politischen. »Imperiumsvergessenheit« heißt für die politische Wissenschaft, das Politische in einer zentralen Hinsicht zu verkennen.

39 Vgl. *Münkler*, Imperien (Anm. 9), S. 207.

Limits of Empire

Die Grenzen amerikanischer Ordnungsmacht in regionalen Ordnungen des internationalen Systems

Markus Kaim

Einleitung

Im Hinblick auf die amerikanische Politik in der regionalen Ordnung[1] des Nahen Ostens ist immer wieder eine vordergründig nahe liegende, aber letztlich verzerrte Vorstellung anzutreffen: Die USA seien auf Grund ihrer unangefochtenen Machtstellung im internationalen System ein omnipotenter Hegemon, der, wenn er denn wolle und sich entsprechend engagiere, Israel und die Palästinenser zu jeder denkbaren Vereinbarung drängen könne. Eine endgültige Regelung des Konfliktes zwischen diesen beiden Völkern hänge dementsprechend ausschließlich von der amerikanischen Politik ab, wohingegen das regionale System und seine Akteure lediglich abhängige Variablen seien. Komme es zu keiner Regelung des Konfliktes, sei umgekehrt das fehlende amerikanische Engagement oder mangelnder Druck auf die israelische Regierung verantwortlich zu machen.

Diese Sicht der Dinge hat allerdings mit der Realität amerikanischer Außenpolitik und den Problemen nahöstlicher Konfliktregelung wenig zu tun. Wie zahlreiche andere Präsidenten vor ihm musste auch George W. *Bush* feststellen, dass sich der Nahe Osten gegenüber extraregionalen Steuerungsbemühungen eher verschlossen zeigt und den USA auch bei einer hohen Bereitschaft, sich im israelisch-palästinensischen Konflikt zu engagieren, häufig keine wirksamen Instrumente für eine Ordnungspolitik in dieser regionalen Ordnung zur Verfügung stehen. Auf die Schwierigkeiten der Vereinigten Staaten und ihrer Verbündeten, den Wiederaufbau im Irak zu organisieren sowie eine funktionierende Staatlichkeit und Demokratie in diesem Land aufzubauen, muss an dieser Stelle nicht weiter eingegangen werden. Es ist evident, dass Washington als machtvollster Akteur im internationalen System hier vor einer Aufgabe steht,

---

Der Autor dankt Johanna *Nemson* für ihre wertvolle Unterstützung bei den Recherchen für diesen Aufsatz.

1 Unter dem Begriff der regionalen Ordnung wird nicht nur die geographische Nähe von Akteuren zueinander verstanden, wie sie sich im Begriff der »Region« niederschlägt, sondern der Umfang und die Qualität ihrer politischen Interaktionen sowie die Tatsache, dass sie in ihrem Verhalten so aufeinander bezogen sind, dass sie bei ihrer Außenpolitik die Reaktionen der anderen regionalen Akteure bereits in ihr Kalkül einbeziehen. Dabei kann die Interaktion sowohl konfliktiv als auch kooperativ sein. Vgl. dazu Barry *Buzan*/Ole *Waever*, Regions and Powers. The Structure of International Security, Cambridge u.a. 2003; David A. *Lake*/Roger *Morgan* (Hrsg.), Regional Orders. Building Security in a New World, University Park, PA, 1997, Louise *Fawcett*/Andrew *Hurrell* (Hrsg.), Regionalism in World Politics. Regional Organization and International Order, New York u.a. 1995.

die die eigenen Ressourcen zu übersteigen drohen bzw. für die die notwendigen Instrumente nicht zur Verfügung stehen.

Dieser politikwissenschaftlich bis zu diesem Punkt noch nicht sonderlich aufregende Befund scheint aber insbesondere deshalb erklärungs- und vertiefungswürdig, da doch seit dem Amtsantritt von Präsident George W. *Bush* im Jahr 2001 und vor allem der Neuorientierung der amerikanischen Außenpolitik nach den Terroranschlägen vom 11. September 2001 eine Fülle von Schriften politischer, politikwissenschaftlicher und feuilletonistischer Prägung die unangefochtene Machtstellung der USA im internationalen System beschreibt, analysiert oder beklagt und dabei auf das Konzept des Empire verweist.[2] Diese Sicht rekurriert nach wie vor explizit oder implizit auf Vorstellungen, die auf die scheinbar unbegrenzten Fähigkeiten einer Großmacht bei der Gestaltung der Weltpolitik abzielen. Obgleich der empirische Befund anders lautet, ist also offensichtlich weiterhin die eingangs geschilderte Omnipotenzphantasie anzutreffen.

Auf den ersten Blick scheint die theoretisch angelegte Empire-Debatte mit den empirischen Befunden zur amerikanischen Außenpolitik nichts zu verbinden. Dies wird dadurch verstärkt, dass ein Großteil der angesprochenen Schriften Empire definitorisch nicht klar genug abgrenzt oder den Begriff schlicht synonym zu »Hegemonie«, »Unilateralismus«, »Unipolarität« o.a. und damit leider unspezifisch oder schlicht falsch verwendet. Ein zweites Problem ist, dass Empire-Untersuchungen in der Regel der globalen Betrachtungsebene verhaftet bleiben und nur zum geringsten Teil den tatsächlichen Einfluss einer Großmacht in einer spezifischen regionalen Ordnung des internationalen Systems analysieren. Eine ergiebige Nutzung des Empire-Konzepts für politikwissenschaftliche Arbeiten zum Steuerungspotenzial von Großmächten in regionalen Ordnungen der Weltpolitik wird damit verhindert.

Dies ist empirisch bedauernswert, aber nicht zuletzt auch theoretisch problematisch, denn die Frage nach dem Einfluss in der internationalen Politik benötigt einen Referenzpunkt zur Messung. So können viele Arbeiten nicht befriedigen, die a priori auf globaler Ebene einen dominierenden Einfluss der USA postulieren, wo doch bereits ein flüchtiger Blick auf die amerikanische Politik in unterschiedlichen regionalen Ordnungen des internationalen Systems zweifelhaft erscheinen lässt, ob die Vereinigten

2 Nur auf ganz wenige dieser Arbeiten, die über einen Expertenkreis hinaus öffentliche Rezeption erfahren haben, sei an dieser Stelle verwiesen: Niall *Ferguson,* Colossus. The Price of America's Empire, New York 2004; Jim *Garrison,* America as Empire. Global Leader or Rogue Power?, San Francisco 2004; Emmanuel *Todd,* After the Empire. The Breakdown of the American Order, New York 2003; Michael *Ignatieff,* Empire Lite. Die amerikanische Mission und die Grenzen der Macht, Hamburg 2003; Ulrich *Speck,* Natan *Sznaider* (Hrsg.), Empire Amerika. Perspektiven einer neuen Weltordnung, München 2003; Benjamin R. *Barber,* Fear's Empire. War, Terrorism and Democracy, New York 2003; Andrew J. *Bacevich,* American Empire. The Realities and Consequences of U.S. Diplomacy, Cambridge u.a. 2002.

Staaten überall und auf Grund derselben Ressourcen und Instrumente einen gleich starken Einfluss ausüben können.

Fruchtbar machen lässt sich die Empire-Debatte erst dort, wo einerseits Politikwissenschaftler die Ordnungsvorstellung des Empire weniger normativ als analytisch anzugehen, sich bei ihren Forschungen von den USA als Referenzpunkt der Untersuchung lösen und nach allgemeinen Kriterien für die Definition dieses Begriffs suchen. Zu entwickeln sind dabei analytische Kategorien, die die notwendigen Voraussetzungen für die dominierende Stellung eines Akteurs im internationalen System allgemein und in unterschiedlichen regionalen Ordnungen konkret beschreiben können.

Um den Fehlschluss zu vermeiden, einem Akteur per se diese dominierende Stellung zuzuschreiben und damit den empirischen Lackmustest zu umgehen, ob sich dieser denn in Realität denn auch wirklich manifestiert, müssen andererseits Determinanten als intervenierende Variablen zur Messung von Einfluss herangezogen werden, die außerhalb des Akteurs selbst liegen. Nur so kann es gelingen, die schlichte und unzutreffende Kausalität zwischen Macht und Politik bei der Betrachtung von Großmachtverhalten zu überwinden. Ob sich Macht in politische Gestaltungskraft umsetzen lässt, hängt eben davon ab, auf welche Widerstände sie stößt. Um z.B. den Einfluss einer Großmacht in einer spezifischen regionalen Ordnung untersuchen zu können, der die Großmacht selbst nicht angehört, z.B. die amerikanische Politik im Nahen Osten, in Europa, in Zentralasien, in Südostasien u.a.m., bedarf es einer Analyse der Faktoren, die die amerikanische Politik in dieser regionalen Ordnung befördern oder aber begrenzen. Diese werden auf unterschiedlichen analytischen Ebenen anzusiedeln sein.

Etwas allgemein und noch wenig regionsbezogen bleibt G. John *Ikenberrys* Definitionsversuch von Empire: »The term 'empire' refers to the political control by a dominant country of the domestic and foreign policies of weaker countries [...] If empire is defined loosely, as a hierarchical system of political relationships in which the most powerful state exercises decisive influence, then the United States today indeed qualifies.«[3] Tatsächlich aber ist der erste Zugang eher historischer Natur, denn ein Akteur, der wirklich die politische Kontrolle über die Innen- wie Außenpolitik schwächerer Akteure ausübt, wird in den internationalen Beziehungen des 21. Jahrhunderts schwerlich nachzuweisen sein. Und selbst die von ihm genannte Definition im weiteren Sinn nutzt analytisch wenig, denn sie umgeht die o.a. Frage, wie sich denn der »decisive influence« messen lässt, vor allem aber, warum die Vereinigten Staaten offensichtlich in einigen internationalen Kontexten ihren Willen durchsetzen können, in anderen hingegen nicht. Zwar deutet *Ikenberry* mögliche Begrenzungen imperialer Außenpolitik an, sieht diese aber ausschließlich in anderen Großmächten.

---

3 Vgl. G. John *Ikenberry*, Illusions of Empire. Defining the New American Order, in: *Foreign Affairs*, Nr. 2/2004, S. 145-154, hier S.146.

Weiter bei der Qualifikation des Einflusses einer Großmacht hilft Carlo *Masala* mit seiner unter Bezug auf so prominente Fachvertreter wie John *Mearsheimer* und Stephen *Rosen* entwickelte Definition vom Empire, derzufolge »...ein Imperium als eine Großmacht definiert ist, die versucht, in einer bestimmten Region der Welt die Innen- und Außenpolitik der dort gelegenen Staaten zu bestimmen und andere Großmächte davon abzuhalten, Einfluss in dieser Region auszuüben«.[4]

Masala knüpft an *Ikenberry* insofern an, dass er auch den Einfluss auf die Innen- und Außenpolitik anderer Akteure als Gradmesser für imperiales Verhalten verwendet und mögliche Beschränkungen des Empire vor allem in rivalisierenden Großmächten sieht. An zwei Punkten geht er jedoch weiter und führt Bestandteile einer Definition ein, die es zu spezifizieren und damit politikwissenschaftlich nutzbar zu machen gilt:

a) Die erweiterte Perspektive der Begrenzung: Indem er betont, dass eine Großmacht »versucht«, Einfluss auf das Handeln anderer Akteure zu gewinnen, deutet er an, dass diese damit, wenn nicht scheitern, so doch aber nur begrenzte Erfolge erzielen kann. Zudem wird die Perspektive eröffnet, dass diese Begrenzung nicht nur in rivalisierenden Großmächten, sondern auch in den Staaten selbst begründet sein kann, die das Ziel imperialer Politik sind.
b) Die Perspektive der regionalen Ordnung: Indem Empire geografisch konkretisiert, d.h. nicht länger davon ausgegangen wird, dass die USA im globalen Maßstab den dominanten Einfluss ausüben, eröffnet sich die Möglichkeit einer differenzierten Bestimmung des amerikanischen Einflusses in einer spezifischen regionalen Ordnung zu einem gegebenen Zeitpunkt. Diese Kombination der globalen Perspektive der Internationalen Beziehungen mit der Sicht der »Regional studies« produziert zwar auf den ersten Blick lediglich Erklärungen begrenzter Reichweite, ist aber in der Lage, die Macht des Empire im komparativer Perspektive nuanciert zu analysieren: Nur so lässt sich erklären, warum der amerikanische Einfluss in einer regionalen Ordnung A als hoch einzustufen ist, wohingegen sich das amerikanische Steuerungspotenzial in der regionalen Ordnung B als begrenzt erweist. Auch im historischen Längsschnitt kann dieser Zugang Auskunft darüber geben, warum der Einfluss einer Großmacht im Laufe der Zeit gesunken oder gestiegen ist.

Verknüpft man diese beiden Perspektiven, ergibt sich ein fruchtbares Forschungsprogramm: Zu fragen ist nach den strukturellen Faktoren, die das Steuerungspotenzial einer Großmacht in einer bestimmten regionalen Ordnung des internationalen Systems befördern, sicherstellen bzw. behindern oder anders formuliert: nach den notwendigen Voraussetzungen für die Implementierung von Empire.

Hinzu treten muss eine dritte Dimension des Begriffs, die sowohl bei *Ikenberry* als auch *Masala* angelegt, aber nicht ausgearbeitet ist:

4 Vgl. Carlo *Masala,* »Gütiger Imperator«. Hegemonialmacht oder Imperium. Die amerikanische Empire-Debatte, in: *Internationale Politik (IP),* Nr. 10/2004, S. 63-68, hier S. 64.

c) Der normative Kern von »Empire«: Was meint »...die Innen- und Außenpolitik der dort gelegenen Staaten zu bestimmen«? In welchem Sinne bestimmen? Denn eine Großmacht wird nicht, so die Annahme, interessenlos oder gar altruistisch außenpolitische Ressourcen in einer regionalen Ordnung investieren, ohne ein bestimmtes Ordnungsinteresse zu verfolgen. Im Gegenteil: ihre Politik wird charakterisiert sein von für die Region spezifischen Vorstellungen, in denen sich gesellschaftlichen Präferenzbildungsprozesse der Großmacht widerspiegeln.

Eine gute empirische Fallstudie zur empirischen Überprüfung der entwickelten drei Fragestellungen bietet die amerikanische Politik im Nahen Osten. Hier finden wir eine Großmacht, die seit nahezu 40 Jahren versucht, in einer bestimmten regionalen Ordnung die Politik der dortigen Staaten zu beeinflussen und den Einfluss anderer extraregionaler Akteure zu beschränken. Zwar sollen die Möglichkeiten und Grenzen eines amerikanischen Empire im Nahen Osten prinzipiell beleuchtet, zugleich dabei aber an die erste Amtszeit von Präsident George W. *Bush* angeknüpft werden.

Die vier Analyseebenen, die für die Untersuchung der amerikanischen Politik im Nahen Osten, aber auch allgemein zur Analyse der Politik einer Großmacht in und gegenüber einer regionalen Ordnung benötigt werden, lassen sich im Anschluss an die existierende Forschung folgendermaßen entwickeln: erstens die außenpolitischen Entscheidungsprozesse der amerikanischen Innenpolitik, die sicherstellen, dass sich die Vereinigten Staaten überhaupt dauerhaft in dieser regionalen Ordnung engagieren; zweitens, die Innenpolitik der regionalen Akteure und die Verfasstheit ihrer politischen Systeme, die als Bedingungsfaktoren der amerikanischen Politik wirken, indem sie sich als offener oder verschlossener gegenüber den Einflussbemühungen Washingtons erweisen; drittens die Qualität der regionalen Ordnung, d.h. die für das Handeln der regionalen Akteure maßgeblichen Prinzipien; und schließlich viertens die Einbettung der regionalen Ordnung in das internationale System und der damit zusammenhängende Einfluss anderer extraregionaler Akteure, die die regionale Ordnung beeinflussen und damit die amerikanische Politik in dieser befördern oder beschränken können.[5]

Die innenpolitischen Determinanten der amerikanischen Nahost-Politik

Wie jedes Feld der amerikanischen Außenpolitik wird auch die Nahost-Politik der Vereinigten Staaten in hohem Maße vom Aushandlungsprozess innerhalb des politischen Systems der Vereinigten Staaten geprägt. Erst dieser innenpolitische Prozess bestimmt, ob die USA sich dauerhaft um eine Regelung des israelisch-palästinensischen Konfliktes bemühen, und entscheidet darüber, welche Strategien sie dabei verfolgen sowie welche Instrumente sie einsetzen. Exekutive und Legislative agieren dabei vor

5 Vgl. Helmut *Hubel,* Markus *Kaim,* Oliver *Lembcke,* The United States in Regional Orders. Pax Americana as an Analytical Concept, in: *American Studies,* Nr. 4/2001, S. 593-608.

dem Hintergrund einer amerikanischen Öffentlichkeit, in der trotz Differenzen über den einzuschlagenden Weg nach wie vor ein prinzipieller Konsens über das amerikanische Engagement in dieser regionalen Ordnung besteht. Die in der öffentlichen Meinung als eng empfundene Verbundenheit zwischen Israel und den USA ist hierfür genauso ein wichtiger Grund[6] wie die wirksamen Aktivitäten der proisraelischen Lobby in den Vereinigten Staaten, die sich aus drei Gruppen zusammensetzt:[7] Aus den politischen Organisationen der amerikanischen Juden, wie z.B. dem American Israel Public Affairs Committee oder dem American Jewish Congress,[8] evangelikalen Gruppen des amerikanischen Südens, die sich aus religiösen Gründen mit Israel in besonderer Weise verbunden fühlen,[9] und schließlich weiten Teilen der amerikanischen Gewerkschaften.[10]

Die Rolle der Exekutive

Innenpolitisch besaß Bush bei seinem Amtsantritt auf den ersten Blick einen größeren Handlungsspielraum als sein Vorgänger Bill *Clinton:* Da die große Mehrheit der jüdischen US-Bürger wie seit über 30 Jahren bei den Präsidentschafts- und Kongresswahlen im Jahr 2000 für die Demokraten stimmten, unterlag der neue Präsident weniger dem Druck, auf deren Lobbyaktivitäten Rücksicht nehmen zu müssen. Gleichzeitig haben die meisten Arab-Americans *Bush* bei diesen Wahlen ihre Stimme gegeben. Dafür waren vor allem gemeinsame Wertvorstellungen der arabisch-stämmigen Amerikaner und der Republikanischen Partei verantwortlich.[11] Da aber beide Gruppen, allerdings mit unterschiedlichen Vorzeichen, ein hohes Engagement der USA im israelisch-palästinensischen Konflikt fordern, erwarteten zahlreiche Beobachter zu Beginn von *Bushs* Amtszeit daher eine profilierte und inhaltlich weitgehend ausbalancierte Nahost-Politik der Vereinigten Staaten.[12]

Mit der Einbettung der seit dem September 2000 anhaltenden zweiten Intifada in das neue weltpolitische Koordinatensystem nach dem 11. September hat die Bush-Administration jedoch zunehmend eine israelische Perspektive eingenommen und amerikanische Interessen denen Israels angenähert. Die Anschläge in New York und

6 Vgl. dazu zuletzt Dana H. *Allin*/Steven Simon, The Moral Psychology of US Support for Israel, in: *Survival,* Nr. 3/2003, S. 123-144.

7 Vgl. Michael *Lind,* Die Israel-Lobby in den Vereinigten Staaten, in: *Blätter für deutsche und internationale Politik,* Nr. 6/2002, S. 685-697.

8 Vgl. Edvard *Tivnan,* The Lobby. Jewish Political Power and American Foreign Policy, New York 1987.

9 Vgl. Basheer K. *Nijm* (Hrsg.), American Church Politics and the Middle East (AAUG Monograph Series, Nr. 15), Belmont 1982.

10 Vgl. Peter L. *Hahn,* The Influence of Organized Labor on U.S. Policy Toward Israel, 1945-1967 (Ohio State University, Center for Labor Research, Working Paper Series, Nr. 19), Columbus 1996.

11 Vgl. Andrzej *Kulczycki*/Arun Peter *Lobo,* Deepening the Melting Pot. Arab-Americans at the Turn of the Century, in: *Middle East Journal,* Nr. 3/2001, S. 459-473.

12 Vgl. beispielhaft Helmut *Hubel*/Markus *Kaim,* Wenig neue Akzente, in: *IP,* Nr. 8/2001, S. 39-46.

Washington haben die amerikanisch-israelischen Beziehungen also weiter vertieft und unter den politischen Entscheidungsträgern der USA sowie in der amerikanischen Öffentlichkeit eine Verbundenheit mit Israel ausgelöst, wie sie höchstens der unmittelbar nach dem arabisch-israelischen Krieg 1967 vergleichbar ist.

Dies bedeutet nicht, dass die Exekutive in der Folgezeit nicht einzelne Maßnahmen der Regierung von Ministerpräsident Ariel *Scharon* kritisch kommentiert oder ausdrücklich verurteilt hätte, z.B. der Ausbau der Siedlungen im Westjordanland oder das Vorgehen der israelischen Armee im Flüchtlingslager von Jenin im April 2002. Diese rhetorische Kritik hat jedoch niemals zu wirksamen politischen Konsequenzen geführt. Dies ist vor allem Ausdruck der begrenzten innenpolitischen Handlungsspielräume der Bush-Administration, die Sanktionen gegen Israel nicht gegen einen durchgängig proisraelisch orientierten Kongress hätte durchsetzen können.

Die Rolle der Legislative

Der Einfluss des Kongresses auf die amerikanische Politik im israelisch-palästinensischen Konflikt ist immer größer gewesen als in anderen Bereichen der Außenpolitik, er darf jedoch nicht überschätzt werden.[13] In der Regel war und ist der Kongress eher zurückhaltend, von sich aus initiativ zu werden und seine Ansichten in internationale Verhandlungen einzubringen. Zwar haben einzelne einflussreiche Mitglieder des Senats und des Repräsentantenhauses immer wieder Vorschläge zur Rolle der USA im israelisch-palästinensischen Konflikt und Zusätze zu laufenden Gesetzesvorhaben eingebracht, aber in der Regel folgt der Kongress weitgehend den Vorschlägen der Administration, unabhängig von den Fraktionsmehrheiten in den beiden Häusern.

Auf Grund des breiten Interesses der Medien und ethnischer Gruppen in den USA am israelisch-palästinensischen Konflikt können sich Kongressabgeordnete in diesem Bereich jedoch weitaus leichter gegenüber ihren Wählern profilieren, als dies in anderen Bereichen möglich ist, unterliegen aber auch stärker deren Einflussbemühungen. Dabei spielen die Zusammensetzung seiner Wählerschaft und die ideologische Grundausrichtung des Abgeordneten eine größere Rolle als seine Parteizugehörigkeit.

Daher kann die Politik der beiden Parteien im Kongress grundsätzlich als »proisraelisch« charakterisiert werden. Denn während die Exekutive tendenziell eher in der Lage ist, dem Druck der proisraelischen Lobby zu widerstehen, so sind Kongressabgeordnete, die in ihrem politischen Alltag wenig mit Fragen des israelisch-palästinensischen Konfliktes befasst sind, leichter zu überzeugen, israelische Positionen zu unterstützen und z.B. weiteren finanziellen Hilfen zuzustimmen. Dieser Konsens stützt

13 Vgl. William Green *Miller*, The Changing Role of Congress in U.S. Middle East Policy, in: Judith *Kipper*/Harold H. *Saunders* (Hrsg.), The Middle East in Global Perspective, Boulder/Oxford 1991, S. 127-148.

grundsätzlich das Engagement der USA im israelisch-palästinensischen Konflikt, lädt dieses jedoch auch normativ auf: Die USA sind eben kein unparteiischer Vermittler ohne eigene Interessen, sondern sind auf Grund der proisraelischen Orientierung ihrer Politik überhaupt erst im Nahen Osten engagiert.[14]

Alle hier nur angerissenen Faktoren (der Konsens zwischen Exekutive und Legislative, die Unterstützung der öffentlichen Meinung, die Haltung der entsprechenden Lobbies) stellen also ein amerikanisches Engagement im Nahen Osten erst sicher. Eine notwendige innenpolitische Voraussetzung für ein Empire ist also die Bereitschaft der relevanten gesellschaftlichen Kräfte, die dafür notwendigen Ressourcen zur Verfügung zu stellen und die daraus resultierenden Kosten zu tragen - eine Einsicht, die auf den ersten Blick eher banal erscheint. Der Vergleich unterstreicht aber die Bedeutung dieser Variable: Der Gedanke eines bundesdeutschen Imperiums würde wahrscheinlich bereits am fehlenden innenpolitischen Konsens über die weltpolitische Rolle der Berliner Republik scheitern.

Die Verankerung bzw. Repräsentanz einer regionalen Ordnung und ihrer Akteure im politischen System der Großmacht scheint zudem eine notwendige Voraussetzung dafür zu sein, dass diese umgekehrt überhaupt eine Politik für diese regionale Ordnung entwickelt. Dies konsequent weitergedacht, legt nahe zu vermuten, dass unter diesem Gesichtspunkt Einwanderstaaten, in deren heterogener Bevölkerung sich zahlreiche regionale Ordnungen widerspiegeln, eher Großmachtverhalten zur Durchsetzung spezifischer Ordnungsvorstellungen an den Tag legen können als Staaten mit einer ethnisch eher homogenen Bevölkerung.

Zum normativen Kern der amerikanischen Nahost-Politik

Nachdem nun die innenpolitische Fundierung der amerikanischen Nahost-Politik angerissen habe, ist die Frage nach deren normativen Kern zu beantworten. Denn wenn nun sichergestellt ist, dass die amerikanische Exekutive versuchen kann, »in einer bestimmten Region der Welt die Innen- und Außenpolitik der dort gelegenen Staaten zu bestimmen«, stellt sich die Frage: In welchem Sinne bestimmen? Was sind die Ziele der amerikanischen Politik? Sucht das Empire die regionalen Akteure im Sinne der eigenen Interessendurchsetzung zu beeinflussen? Oder spielen andere Motive, z.B. die Schaffung und Aufrechterhaltung eines globalen oder regionalen Ordnungssystems eine Rolle?

Als wesentliches Ziel der USA im Nahen Osten lässt sich seit 1967 das Streben definieren, die territoriale Integrität und politische Souveränität Israels - kurz: dessen

---

14 Vgl. Kathleen *Christison*, »All those old issues«. George W. Bush and the Palestinian-Israeli Conflict, in: *Journal of Palestine Studies*, Nr. 2/2003-2004, S. 36-50.

Existenz - in der regionalen Ordnung zu sichern und diese in eine umfassende Friedensregelung einzubetten. Das wesentliche Instrument dieser Politik war und ist dabei der arabisch-israelische Friedensprozess, in dessen Mittelpunkt die Verregelung der regionalen Akteursbeziehungen stehen, d.h. die Schaffung und Durchsetzung von Prinzipien, die das Handeln Israels und der arabischen Akteure leiten. Durch ihr Engagement haben die Vereinigten Staaten sichergestellt, dass die bis zum Oktoberkrieg 1973 herrschende Anarchie, d.h. die permanent anzutreffende Bereitschaft der Akteure zum Einsatz militärischer Mittel, bis heute abgelöst worden ist von einem stabilen Mächtegleichgewicht, dass die Austragung eines umfassenden regionalen Krieges unwahrscheinlich macht. Für eine begrenzte Zeit, nämlich zur Hochzeit des arabisch-israelischen Friedensprozesses zwischen 1993 und 1996 mit den israelisch-palästinensischen Autonomieabkommen und dem israelisch-jordanischen Friedensschluss 1994, gelang es den USA sogar, die Qualität der regionalen Ordnung hin zu einem Mächtekonzert zu transformieren, d.h. zu Verhältnissen, unter denen die Akteure bereits in relativ verbindlichen, auf Absprachen beruhenden Beziehungen zueinander stehen, und einen rudimentären Kanon von zwischenstaatlichen Regeln einzuführen.

Ziel der amerikanischen Nahost-Politik ist also die dauerhafte Transformation der regionalen Ordnung im Sinne der Veränderung der intraregionalen Interaktionsprinzipien auf ein »höheres« Niveau bzw. einen Rückfall auf ein »niedrigeres« Interaktionsniveau zu verhindern.[15] Hinter der moralischen Verpflichtung gegenüber Israel verbirgt sich also auch handfeste Interessenpolitik Washingtons: Denn diese Transformation hin zu einer umfassenden regionalen Friedensordnung erlaubt, zwei gegenwärtig noch inkompatible Ziele, nämlich die Existenzsicherung Israels und gute Beziehungen zu den arabischen Staaten, miteinander in Einklang zu bringen.[16] Empire muss aber mehr sein, als schlichte Interessenpolitik - auch die Bundesrepublik artikuliert Interessen und verfolgt sie, zu Recht kämen wir aber nicht darauf, Deutschland als Imperialmacht zu beschreiben.

Und in der Tat lassen sich Elemente einer Empire-Theorie, wie sie in der Forschung anzutreffen sind, durchaus auf die amerikanische Nahost-Politik anwenden: Die von den USA angebotene oder errichtete Ordnung ist ein Verhandlungssystem, in dem Washington die Teilnahme anderer Staaten zu für alle akzeptablen Bedingungen sucht, d.h. mit ihren Bemühungen um eine qualitative Veränderung der regionalen Ordnung gewährleisten die Vereinigten Staaten ein öffentliches Gut, nämlich Sicherheit und Wohlfahrt; sie plädieren nicht nur für die Errichtung von Regeln, sondern üben ihren Einfluss selbst mittels Regelwerken und Institutionen aus und gewähren schließlich kooperierenden Staaten Zugang zum politischen Entscheidungsprozess in

---

15 Vgl. *Hubel/Kaim/Lembcke,* Pax Americana im Nahen Osten. Eine Studie zur Transformation regionaler Ordnungen, Baden-Baden 2000.

16 Zu diesem Spannungsverhältnis vgl. Jerome *Slater,* Ideology vs. the National Interest. Bush, Sharon, and U.S. Policy in the Israeli-Palestinian Conflict, in: *Security Studies,* Nr. 1/2002, S. 164-206.

den USA, so dass deren Einfluss höher liegt als ihre tatsächlichen Machtressourcen eigentlich vermuten lassen. Nur in diesem Sinne konnte z.B. Geir *Lundestad* bei der Untersuchung der amerikanischen Führungsrolle in Europa ja überhaupt vom »empire by integration«[17] sprechen. Idealtypisch für diese amerikanische Politik ist die in Deutschland wenig beachtete, von Präsident *Bush* im Jahr 2003 angekündigte »Middle East Partnership Initiative«.[18] In ihr schlug er eine Freihandelszone für den Nahen Osten, die alle Konfiktparteien umfassen solle, sowie umfassende politische Reformen vor. Dabei griff er auf frühere Überlegungen zu multilateralen Kooperationsforen im Nahen Osten zurück, vor allem auf die entsprechenden Verhandlungsrunden des Madrider Friedensprozesses.[19]

Die Innenpolitik der regionalen Akteure als beschränkender Faktor

Wie gezeigt, generiert das politische System der Vereinigten Staaten spätestens seit 1967 kontinuierlich eine Zustimmung zu einem hohen Engagement der jeweiligen Exekutiven bei der Regelung des israelisch-palästinensischen bzw. des arabisch-israelischen Konfliktes. Dies war und ist die Grundlage für alle amerikanischen Friedensinitiativen. Häufig haben sich die amerikanischen Präsidenten jedoch nicht nur auf die Rolle des Vermittlers zwischen den Konfliktparteien beschränkt, sondern eigene Verhandlungsvorschläge vorgelegt. In beiden Rollen stießen die amerikanischen Präsidenten aber immer wieder auf Widerstände, die im politischen System der regionalen Akteure begründet liegen und die die dauerhafte Transformation der regionalen Ordnung des Nahen Ostens verhindert haben.

Israel besitzt eines der fragmentiertesten Parteiensysteme der Welt, in dem eine bemerkenswert hohe Zahl von Parteien miteinander um Einfluss ringen. Parteienallianzen, -fusionen, -neugründungen und -umbenennungen sind in Israel an der Tagesordnung. Neben den beiden großen Lagern der gemäßigten Sozialdemokratie, deren wichtigste Vertreterin die Arbeiterpartei ist, und dem rechtskonservativen Likud bilden die religiösen Parteien das dritte Lager. Politische Bedeutung gewinnen diese sowie die säkular-nationalistische Parteien, die häufig durch eine extremistische Programmatik gekennzeichnet sind, durch eine Besonderheit des israelischen Wahlrechts. Die Sperrklausel, d.h. der vorgeschriebene Anteil an den abgegebenen Stimmen, die eine Partei zum Einzug in das Parlament mindestens erreichen muss, liegt in Israel

17 »Empire« by Integration. The United States and European Integration, 1945-1997, Oxford u.a. 1998.

18 Vgl. <http://mepi.state.gov/mepi/>; eine gekürzte deutsche Übersetzung der Rede *Bushs* am 9. Mai 2003 findet sich in: *IP*, Nr. 10/2003, S. 83-87.

19 Zu den amerikanischen Ordnungsvorstellungen bezüglich des Nahen Ostens vgl. Bradley A. *Thayer*, The Pax Americana and the Middle East. U.S. Grand Strategic Interests in the Region After September 11 (BESA Center for Strategic Studies, Bar-Ilan University; Security and Policy Studies, Nr. 56), Ramat Gan 2003, und Philip H. *Gordon*, Bush's Middle East Vision, in: *Survival*, Nr. 1/2003, S.155-165.

bei nur 1,5 Prozent. Diese Hürde erlaubt auch kleineren Parteien, die nur geringe Stimmanteile bei den Wahlen erringen, den Einzug in die Knesset, die sich auf Grund dieser Regelung zu einem stark fragmentierten Parlament entwickelt hat. Zahlreiche Parteien mit verhältnismäßig geringen Stimmanteilen prägen die Zusammensetzung der Legislative. Da der Ministerpräsident dann von einer aus zahlreichen Parteien bestehenden, tendenziell instabilen Koalition in der Knesset gestützt wird, ist den kleinen Parteien in der Vergangenheit häufig die Rolle des entscheidenden Mehrheitsbeschaffers zugewachsen. In der Regierungspolitik gewinnen sie dann mehr Bedeutung und Einfluss, als sich aus ihrem Stimmanteil bei den Wahlen ablesen lässt.

Auch die Regierung *Scharon* stützte sich seit 2001 auf eine sehr heterogene, wechselnde Partner nutzende Koalition in der Knesset unter Beteiligung und kleinerer religiöser und extremistischer Parteien. Damit ist losgelöst von *Scharons* politischen Vorstellungen und persönlichen Prädispositionen eine strukturelle Beschränkung seiner Politik gegenüber der palästinensischen Autonomiebehörde vorgegeben: Zeigt er sich dieser gegenüber konzessionsbereit, muss er befürchten, seine Mehrheit dadurch zu verlieren, dass die kleineren Parteien ihm die Unterstützung entziehen. Zeigt er sich hingegen unnachgiebig und geht mit militärischen Mitteln gegen die palästinensische Autonomie vor, läuft er Gefahr, notwendige Koalitionspartner und Mehrheitsbeschaffer zu verlieren.

In dieser Dilemmasituation des israelischen Ministerpräsidenten waren und sind die Möglichkeiten der Regierung *Bush* begrenzt, auf die Politik der israelischen Regierung Einfluss zu nehmen und sie zu Konzessionen an die Palästinenser zu bewegen, insbesondere deshalb, da eine offen israelkritische Politik der Exekutive keine Zustimmung in der amerikanischen Öffentlichkeit und im Kongress findet. Damit fehlt dem amerikanischen Präsidenten ein wirksamer Hebel. Zwar rufen arabische und europäische Stimmen in Krisen des Friedensprozesses häufig nach verstärktem amerikanischem Druck auf Israel. Worin dieser in der Substanz beruhen soll, bleibt jedoch unklar, und ob er in der Lage ist, die aus der israelischen Innenpolitik resultierenden Handlungsbeschränkungen für die Regierung *Bush* zu überwinden, muss bezweifelt werden.

Während auf israelischer Seite das Wahl- und Parteiensystem und die politische Polarisierung der Gesellschaft die Haupthindernisse für die Politik der Bush-Administration bilden, ist es auf palästinensischer Seite die Schwäche und schwindende Legitimität der politischen Führung, deren Autorität sich nach wie vor einzelne politische Gruppierungen zu entziehen wissen, sowie das damit einhergehende Auftreten palästinensischer Akteure, die sich den Ordnungsbemühungen der Bush-Administration verweigern und amerikanische Pläne für eine Regelung des israelisch-palästinensischen Konfliktes unterlaufen. Denn die Entwicklung der zweiten Intifada hat unterstrichen, wie brüchig die innenpolitische Machtbasis von Yasser *Arafat* bereits geworden war: Denn zum einen war er offensichtlich nicht länger in der Lage, alle Gruppierungen innerhalb der PLO und der palästinensischen Autonomiebehörde zu kontrollieren

- ein Problem, vor dem auch seine Nachfolger stehen –, und zum zweiten waren ihm ernst zu nehmende Rivalen erwachsen, die seinen Führungsanspruch zunehmend in Frage gestellt haben.

Die Entwicklung der regionalen Ordnung

Trotz der Tatsache, dass die israelisch-palästinensische Konfliktformation seit dem September 2000 zunehmend von einer akuten Bereitschaft zur bewaffneten Gewaltanwendung geprägt ist, ist diese Eskalation jedoch nicht auf die gesamte regionale Ordnung übergesprungen. Ägypten und Jordanien haben ihre Beziehungen zum jüdischen Staat zwar abkühlen lassen, an ihnen aber trotz der Auseinandersetzungen zwischen Israelis und Palästinensern grundsätzlich festgehalten. Sie haben damit sichergestellt, dass sich der israelisch-palästinensische Konflikt nicht zu einem regionalen arabisch-israelischen Krieg ausgeweitet hat. Auch Syrien, das sich formell nach wie vor mit Israel im Kriegszustand befindet, hat an der strategischen Entscheidung festgehalten, den Waffenstillstand zu wahren. Somit sind drei Errungenschaften des Madrider Friedensprozesses für die regionale Ordnung des Nahen Ostens unberührt geblieben, nämlich die Abschwächung des arabisch-israelischen Gegensatzes, die weitere Abkopplung des israelisch-palästinensischen Konfliktes von der überwölbenden arabisch-israelischen Konfrontation und schließlich die dauerhafte Einbindung Israels in die regionalen Ordnung.

Drei neuartige Phänomene unterscheiden jedoch die Welle der Auseinandersetzungen im Rahmen der zweiten Intifada von vorhergehenden Krisensituationen: Zum einen hat die zunehmende Militarisierung irregulärer palästinensischer Milizen und die auf Grund der vorhergehenden israelisch-palästinensischen Abkommen zugelassene Bewaffnung der palästinensischen Sicherheitskräfte immer wieder zu regelrechten Gefechten mit der israelischen Armee geführt. In ihrer äußeren Erscheinungsform ähnelten diese Auseinandersetzungen zunehmend einem Kriegszustand, auch wenn in einem völkerrechtlich strengen Sinne nicht von einem Krieg gesprochen werden kann, da es sich bei der palästinensischen Autonomiebehörde nicht um einen als Staat anerkannten und souverän handelnden Akteur handelt.

Zum Zweiten verließ die Konfliktaustragung seit dem Herbst 2000 immer mehr die staatliche bzw. quasistaatliche Ebene. Zunehmend griffen individuell handelnde Akteure, die weder eine Beziehung zur israelischen Armee, zu den palästinensischen Sicherheitskräften oder zu einer der palästinensischen Organisationen aufwiesen, die den israelisch-palästinensischen Friedensprozess mit Terroranschlägen zu verhindern suchen, in die Auseinandersetzungen ein.

Zum Dritten trat eine neue Konfliktlinie deutlich hervor, die innerhalb der israelischen Gesellschaft, nämlich zwischen den staatlichen Sicherheitskräften und dem arabischstämmigen Bevölkerungsanteil, verlief. Dessen Status innerhalb der israelischen Gesellschaft ist auf Grund des israelisch-palästinensischen Konfliktes und der damit zusammenhängenden Loyalitätsfrage ohnehin prekär und wird durch eine informelle Benachteiligung dieser Bevölkerungsgruppe in Israel zudem belastet.

Diese »Vergesellschaftung« des Konfliktes hat gravierende Konsequenzen für die amerikanischen Regelungsbemühungen gehabt, denn sie hat die Zahl der involvierten Konfliktparteien und damit der zu berücksichtigenden Interessenlagen erhöht sowie die Zahl der Interaktionen potenziert, die eine Großmacht bei der Transformation der regionalen Ordnung in Rechnung zu stellen hat. Da die Gewaltanwendung von der Ebene der zwischenstaatlichen Beziehungen zunehmend auf die der gesellschaftlichen Akteure übergesprungen ist, entzieht sich diese Konfliktkonstellation noch stärker als bisher amerikanischen Einflussbemühungen.

Der israelisch-palästinensische Konflikt im internationalen System

Schließlich ist die Ebene des internationalen Systems zu berücksichtigen, in die die regionale Ordnung des Nahen Ostens eingebettet ist. Auch andere Akteure verfolgen ihre Interessen und betätigen sich als Vermittler zwischen Israel und den Palästinensern. Ziel der amerikanischen Politik war und ist die Wahrung der US-Führungsrolle und der Ausschluss von alternativen Vermittlern im israelisch-palästinensischen Konflikt, die unter Umgehung der USA und ggf. gegen deren Interessen alternative Regelungsbemühungen anbieten könnten und damit die von den Vereinigten Staaten angestrebte Bilateralisierung des Konfliktes aufweichen. Dies betrifft vor allem die Vereinten Nationen und die Europäische Union. Russland kann trotz der Tatsache, dass es in der Rechtsnachfolge der Sowjetunion neben den USA der zweite Kosponsor des Madrider Friedensprozesses ist, hier vernachlässigt werden, da gegenwärtig keine profilierte russische Politik im israelisch-palästinensischen Konflikt erkennbar ist, die sich prinzipiell von der der USA unterschiede.

Die Bush-Administration hat im Dezember 2001 im Sicherheitsrat der Vereinten Nationen ihr Veto gegen eine von Ägypten und Tunesien eingebrachte Resolution eingelegt, die das Vorgehen des israelischen Militärs in den besetzten Gebieten verurteilt und die Einrichtung eines Überwachungsmechanismus empfohlen hatte. Die alleinige Nennung Israels ohne eine gleichzeitige Bezugnahme auf den palästinensischen Terror sowie die Internationalisierung der Konfliktregelung waren zwei für die Bush-Administration inakzeptable Forderungen.[20] Sie knüpfte hierbei nahtlos an eine Traditionslinie amerikanischer Nahost-Politik an und wandte sich damit gegen die von einigen arabischen Staaten betriebene Instrumentalisierung der Vereinten Nationen für den israelisch-palästinensischen Konflikt und die damit verknüpfte Verurteilung Israels. Aus demselben Grund haben die USA u.a. nicht an der »World Conference

20 Vgl. John D. *Negroponte,* UN-Botschafter der Vereinigten Staaten, Rede am 14.12.2001 im UN-Sicherheitsrat, in: <http://usinfo.state.gov/regional/nea/summit/1217ngrp.htm>, abgerufen am 10.11.2004.

Against Racism, Racial Discrimination, Xenophobia, and Related Intolerance« im August 2001 in Durban teilgenommen, da sie die bereits in den Vorbereitungsdokumenten einiger Nichtregierungsorganisationen erkennbar Verurteilung Israels und die Gleichsetzung des Zionismus mit Rassismus ablehnten[21] und sich auch dagegen gewandt haben, das israelische Vorgehen in den besetzten Gebieten in der UN-Menschenrechtskommission zu thematisieren.[22] Neben einer grundsätzlichen UN-Skepsis in Teilen der amerikanischen außenpolitischen Eliten ist der zweite Grund für diese Politik das Selbstverständnis der USA, die Schutzmacht Israels im internationalen System zu sein. Dies manifestiert sich nicht nur in Finanzhilfen, Waffenverkäufen und informellen Sicherheitsgarantien für Jerusalem, sondern auch in der Politik, dass eine Einbindung der Vereinten Nationen in den israelisch-palästinensischen Konflikt nur dann hinzunehmen sei, wenn die entsprechenden Resolutionen Israel nicht isoliert kritisierten, sondern auf beide Konfliktparteien zielten.

Die amerikanische Politik, andere extraregionale Akteure aus der regionalen Ordnung möglichst auszugrenzen, betrifft ebenso die Europäische Union. Diese wird von den USA zwar auf der ökonomischen Ebene in ihre Nahost-Politik integriert. Auf der politischen Ebene bemühen sich die USA jedoch weitgehend, ihren Einfluss gering zu halten. Dies fällt um so leichter, da auf europäischer Seite nur begrenzt die innere Kohärenz und das außenpolitische Instrumentarium dafür erkennbar ist, eine eigenständige und kohärente Nahost-Politik zu entwickeln.

Denn trotz der Bemühungen um Kohärenz erschwert die intergouvernementale Ausrichtung dieses EU-Politikfeldes eine geschlossene Politik in dieser regionalen Ordnung und erleichtert es einzelnen Mitgliedsstaaten, unter dem Deckmantel einer europäischen Politik ihre nationale Interessen zu verfolgen: Während sich z.B. Frankreich im Rahmen der europäischen Nahost-Politik als ein Gegengewicht zur amerikanischen Politik und deren proisraelischer Orientierung begreift, agiert Großbritannien mit Blick auf den israelisch-palästinensischen Konflikt weitgehend als ein Vertreter amerikanischer und israelischer Vorstellungen.[23]

---

21 Vgl. William B. *Wood,* Acting Assistant Secretary for International Organization Affairs, Rede am 31.7.2001 vor dem House International Relations Committee, Subcommittee on International Operations and Human Rights, in: <http://www.state.gov/p/io/rls/rm/2001/4415.htm>, abgerufen am 10.11.2004.

22 Vgl. George *Moose,* U.S. Delegation and U.S. Permanent Representative to the UN Offices in Geneva, Rede am 28.3.2001 vor der United Nations Commission on Human Rights, in: <http://www.us-mission.ch/humanrights/statements/0328item8.html>, abgerufen am 10.11.2004.

23 Vgl. zur europäischen Nahost-Politik zuletzt Rosemary *Hollis,* The Israeli-Palestinian Road Block. Can Europeans Make a Difference?, in: *International Affairs,* Nr. 2/2004, S. 191–201; Muriel *Asseburg,* Die EU und der Friedensprozeß im Nahen Osten (SWP-Studie S 28), Berlin 2003, und Elena *Aoun,* European Foreign Policy and the Arab-Israeli Dispute. Much Ado About Nothing?, in: *European Foreign Affairs Review,* Nr. 3/2003, S. 289-312.

Zudem besitzt die Europäische Union kein diplomatisches Instrumentarium für den arabisch-israelischen Friedensprozess, das zu dem der USA eine Alternative böte. Die offizielle Rolle der Vereinigten Staaten als Schirmherr des Friedensprozesses, ein seit 1993 kontinuierlich arbeitendes Vermittlungsteam des State Department und darüber hinaus ein außenpolitisches Establishment in Washington, in dem seit 1967 ein weit gehender Konsens über die amerikanische Vermittlungsrolle herrscht, sind wichtige Grundlagen für die Vermittlungstätigkeit im Nahen Osten. Diese kann die EU auch nicht mit umfangreichen Hilfszahlungen an die palästinensische Selbstverwaltungsbehörde oder der Ernennung eines Sonderbotschafters kompensieren.

Schließlich fehlt es an der grundsätzlichen Bereitschaft der regionalen Akteure, die Europäische Union als Vermittler neben den USA überhaupt zu akzeptieren. Israel lehnt die politische Einbindung der europäischen Staaten wegen deren angeblich proarabischen Grundorientierung ab, die seit der Venedig-Erklärung von 1980[24] immer wieder kritisiert worden ist.[25] Die arabischen Akteure fordern zwar in regelmäßigen Abständen die stärkere Beteiligung der EU, doch dabei handelt es sich um immer wiederkehrendes Grundmuster arabischer Politik. Diese taktischen Forderungen sollen den Druck auf die USA erhöhen, Israel zu Kompromissen im Kontext des Friedensprozesses zu drängen. Letztlich ist aber auch den arabischen Akteuren und der Europäischen Union klar, dass nur die USA über jenen Einfluss bei der israelischen Regierung verfügen, der Fortschritte im Friedensprozess ermöglichen könnte.

Fazit

Festzuhalten ist, dass die USA mit dem Anliegen der Transformation der regionalen Ordnung seit dem Jahr 2000 weitgehend gescheitert sind: Die vereinbarten Regeln zur Kooperation werden weder von Israel noch von den arabischen Akteuren eingehalten und die Qualität der regionalen Ordnung ist mit der zweiten Intifada wieder auf das Niveau eines Mächtegleichgewichts zurückgefallen. Von der so genannten Roadmap, die die umfassende und endgültige Regelung des israelisch-palästinensischen Konfliktes sowie die Schaffung eines unabhängigen Palästinenserstaates vorsieht, spricht gegenwärtig niemand ernsthaft mehr. Zu fragen ist, welche Faktoren für diesen Befund verantwortlich sind, der doch der zu Beginn skizzierten Einschätzung der machtvollen Vereinigten Staaten zuwiderläuft.

Auf den vier untersuchten Ebenen lassen sich zwei Bündel von Variablen identifizieren, die den amerikanischen Einfluss im Nahen Osten befördern:

---

24 Vgl. den Text der Erklärung des Europäischen Rates in Venedig am 13. Juni 1980 über den Nahen Osten in: *Europa-Archiv (EA)*, Nr. 14/1980, S. D 382 f.

25 Vgl. Dimitris *Keridis*, Europe and Israel. What Went Wrong? (BESA Center for Strategic Studies, Bar-Ilan University), Ramat Gan 2004.

a) Die amerikanische Gesellschaft unterstützt auch weiterhin ein Engagement Washingtons im Nahen Osten. Die USA haben sich nach den Anschlägen des 11. September 2001 politisch und militärisch nicht aus dem Nahen Osten zurückgezogen oder ihre Unterstützung für Israel eingestellt. Nicht nur die Exekutive, sondern auch die Legislative und die öffentliche Meinung plädieren unverändert für ein Engagement der USA im israelisch-palästinensischen Konflikt. Dieser Konsens umschließt sogar die Lobbies der Arab Americans und Jewish Americans, die ansonsten Gegner bei der politischen Willensbildung in den USA sind.

b) Auch die Untersuchung des internationalen Systems verweist nur auf weite Handlungsspielräume der US-Administration: Keiner der anderen Akteure im internationalen System hat seit dem Ausbruch der zweiten Intifada auch nur in Ansätzen die amerikanische Politik im Nahen Osten ersetzen oder eingrenzen können. Im Gegenteil: Vermittlungsbemühungen der EU im israelisch-palästinensischen Konflikt stellen keine Alternative zur amerikanischen Politik dar, sondern geschehen in Absprache und mit der Zustimmung Washingtons.[26] Auf absehbare Zeit werden die Vereinigten Staaten daher der dominierende extraregionale Akteur im Nahen Osten bleiben.

Anders sieht es bei den beiden anderen Ebenen aus; auf ihnen lassen sich Faktoren identifizieren, die die amerikanischen Einflussversuche signifikant beschränken:

c) Der israelische Ministerpräsident *Scharon* hat sich trotz enormer partei- und koalitionsinterner Auseinandersetzungen und sinkender Zustimmungswerte in der israelischen Öffentlichkeit genauso bis zu seiner Krankheit an der Macht halten können wie der palästinensische Präsident *Arafat* bis zu seinem Tod im November 2003. Dessen innenpolitische Machtbasis war jedoch durch die zweite Intifada und durch den Aufstieg anderer Akteure zu rivalisierenden Machtpolen innerhalb der palästinensischen Autonomiebehörde bereits erodiert. Die Fragilität der israelischen Regierungskoalition und die Heterogenisierung der palästinensischen Politik erleichtern es den regionalen Akteuren weiterhin, sich amerikanischen Einflussbemühungen zu entziehen, und bilden das Haupthindernis für eine effektive amerikanische Rolle und die Transformation des Nahen Ostens in Richtung einer Pax Americana im Nahen Osten.

d) Die zweite wichtige Beschränkung für die amerikanische Politik im israelisch-palästinensischen Konflikt erwächst daneben aus der regionalen Ordnung des Nahen Ostens. Entscheidend für die Frage, ob und in welchem Maße die Bush-

26 Vgl. dazu Jon B. *Alterman*, The Promise of Partnership. U.S.-EU Coordination in the Middle East (AICGS Policy Report, Nr. 10), Washington 2003, sowie Tim *Niblock*, Reform and Reconstruction in the Middle East. Room for EU-US Cooperation?, in: *International Spectator*, Nr. 4/2003, S. 47–58.

Administration Einfluss auf die Politik Israels und der Palästinenser nehmen und sie zu einem Waffenstillstand und der Wiederaufnahme der Sicherheitsgespräche bewegen kann, sind nicht die Machtressourcen der Vereinigten Staaten im internationalen System, sondern vielmehr die Handlungsprinzipien der intraregionalen Interaktion. Zwar haben die Konfliktparteien des arabisch-israelischen Konfliktes im engsten Sinne zumindest eine Machtbalance als regionales Handlungsprinzip akzeptiert. Die Implikationen dieses Konfliktes reichen jedoch über die regionale Ordnung hinaus und binden zusätzliche staatliche (z.B. Iran) wie nichtstaatliche Akteure (islamistische Organisationen, die terroristische Instrumente einsetzen) ein, die die Existenz Israels nicht zu akzeptieren bereit sind. Ob die USA vor diesem Hintergrund die regionale Ordnung in ihrem Sinne transformieren können, wird daher auch weiterhin nur bedingt in Washington entschieden, sondern vielmehr in Jerusalem und Ramallah, in Kairo, Amman und Damaskus und mittlerweile auch in Teheran, in den Bergen des Südlibanon und im sunnitischen Dreieck des Irak.[27]

27 Vgl. zu der Verbindung zwischen Nahen und Mittlerem Osten und den Folgen für die amerikanische Politik Michael Scott *Doran,* Palestine, Iraq, and American Strategy, in: *Foreign Affairs,* Nr. 1/2003, S. 19-34.

Die USA: Imperiale oder hegemoniale Außenpolitik?

Peter Rudolf

Viel war in den letzten Jahren die Rede vom amerikanischen »Imperium«, von amerikanischer Dominanz, von einer imperialen Außenpolitik.[1] Irak, so heißt es jetzt, habe die »imperiale Überdehnung« offenkundig gemacht, der »Titan« sei müde geworden. Inzwischen ist gar die Befürchtung zu hören, die USA könnten als Folge des »Irak-Syndroms« dem »isolationistischen Impuls« nachgeben. Eingängige Metaphern und Analogien dieser Art spielen in der Debatte in den USA, aber auch in der weltweiten Diskussion über die amerikanische Außenpolitik eine wichtige Rolle und prägen die Wahrnehmung. Unkritisch aufgenommen, verstellen problematische Metaphern und Analogien den Blick auf die tatsächlichen Grundlinien amerikanischer Außenpolitik - und damit auch auf das, worum es in der gegenwärtigen Selbstverständnisdebatte vor allem geht: ob die USA sich wieder auf die Grundlagen und die Handlungslogik liberaler Hegemonie besinnen.

Wie die internationale Rolle der USA wahrgenommen und interpretiert wird, hat Auswirkungen für die Analyse des gegenwärtigen internationalen Systems, die Entwicklungstendenzen amerikanischer Außenpolitik und auch für die Politik gegenüber den USA. Insofern sind eine kritische Analyse der Debatten, die seit einigen Jahren über das amerikanische Imperium geführt werden, und eine möglichst realitätsangemessene Interpretation der internationalen Rolle der USA mehr als nur von akademischem Interesse.[2]

Amerika als Imperium?

Die Rede vom »American Empire«, die vor dem Hintergrund des Vietnamkrieges der radikalen Kritik amerikanischer Außenpolitik gedient hatte, verdankt ihre Wiederbelebung in den letzten Jahren der Außenpolitik der Bush-Administration. Der Begriff »Imperium« entwickelte sich zur Chiffre, in der sich entschiedene Ablehnung dieser Politik ebenso ausdrücken kann wie begeisterte Bejahung.[3] Nicht als strenger analytischer Begriff, sondern als provokative Metapher wird er verwendet - von Kritikern unterschiedlichster Provenienz, die die USA auf dem Weg zu einem »empire« sehen und vor den Gefahren einer »imperialen Strategie« warnen, aber auch in geradezu emphatischer Form von manchen Befürwortern der Bush-Außenpolitik, die offen auszusprechen zu meinen, was sie als deren Leitidee angelegt sehen. Und das ist das neue

---

1 Als Überblick über die Debatte vgl. etwa Sabine *Jaberg*/Peter *Schlotter*, Imperium-Frieden-Gerechtigkeit: Zur Einführung, in: diess. (Hrsg.), Imperiale Weltordnung - Trend des 21. Jahrhunderts? (AFK-Friedensschriften, Band 32), Baden-Baden 2005, S. 7-27.

2 Vgl. Nick *Bisley*, Neither Empire nor Republic: American Power and Regional Order in the Asia-Pacific, in: *International Politics*, Nr. 2/2006, S. 197-218, hier S. 198 f.

3 Vgl. Paul K. *MacDonald*, Imperial Ambitions? United States Foreign Policy and the Language of Empire, Stanford Institute for International Studies, Stanford 2.2.2005 (Vervielfältigung).

an der Diskussion: Das »American empire« hat intellektuelle Apologeten gewonnen. Ein sich seiner »selbst bewusster Imperialismus« - so die Botschaft - sei alternativen internationalen Ordnungen vorzuziehen; erst wenn die Amerikaner den imperialen Charakter der von ihnen geführten Ordnung anerkennen, eröffne sich Möglichkeit, aus den Fehlern früherer Imperien zu lernen.[4]

Wie wenig die Rede vom »amerikanischen Imperium« dem Verständnis der weltpolitischen Rolle der USA dient, zeigt der Blick auf einige Eigentümlichkeiten der gegenwärtigen Debatte.[5] Erstens hat der Begriff offenbar wenig oder nichts mit dem zu tun, was gemeinhin mit klassischen Imperien verbunden wird: große räumliche Ausdehnung, multiethnische Zusammensetzung, politische Herrschaft ohne Konsens der beherrschten Völker.[6] Zweitens werden die Begriffe Imperium und imperial in einer sehr losen Bedeutung gebraucht. Selten wird das Spezifische dessen wirklich bestimmt, was das amerikanische Imperium denn nun ausmacht und wie sich der Inhalt dieses Begriffes von anderen Begriffen unterscheidet, mit denen die schlichte Tatsache ausgedrückt wird: Die USA sind ein Staat mit konkurrenzlosen Machtressourcen, der in dem Sinne expansiv ist, als er seine politischen und wirtschaftlichen Ordnungsvorstellungen weltweit durchsetzen möchte.[7] Wird - und das ist eine dritte Eigentümlichkeit des Imperiumsdiskurses - jedoch ein klar bestimmtes Verständnis von Imperium zugrunde gelegt - nämlich ein hierarchisches internationales System, in dem ein Staat nahezu das Monopol über die organisierte Gewaltanwendung hat und untergeordnete Staaten ihre Sicherheit nicht eigenen militärischen Fähigkeiten, sondern dem imperialen Staat anvertrauen und somit ein zentrales Element ihrer Souveränität aufgeben -, dann stellt sich die Frage: Sind Staaten wie Saudi-Arabien, deren äußere Sicherheit im wesentlichen durch die USA garantiert wird, Teil des amerikanischen Imperiums, auch wenn der amerikanische Einfluss auf die innere Struktur, aber auch auf das Außenverhalten des Landes sehr begrenzt ist? Viertens schließlich wird der Begriff auf der einen Seite dazu benutzt, um eine angebliche radikale Abkehr von der nach 1945 geltenden außenpolitischen Orientierung zu kritisieren; auf der anderen Seite findet sich jene Sicht, nach der die Politik der Bush-Administration nur klarer, zugespitzter Ausdruck einer seit langem verfolgten imperialen Politik ist.

Wie konnte ein so schillernder Begriff wie der des Imperiums solche Aufnahme finden? Sicher auch deshalb, weil damit die einzigartige Machtfülle und die einzigartige

---

4 Vgl. Niall *Ferguson,* The unconscious colossus: limits of (&alternatives to) American empire, in: *Daedalus,* Frühjahr 2005, S. 18-33, Zitate S. 21.

5 Ein guten Überblick vermitteln die Texte in Ulrich *Speck* und Natan *Sznaider* (Hrsg.), Empire Amerika, Perspektiven einer neuen Weltordnung, München 2003. - Fundierte Kritik zu dieser problematischen Diskussion bieten die Beiträge in Craig *Calhoun,* Frederick *Cooper,* Kevin W. *Moore* (Hrsg.), Lessons of Empire: Imperial Histories and American Power, New York/London 2006.

6 So in der Definition von Dominic *Lieven,* Empire:The Russian Empire and Its Rivals, New Haven/ London 2000, S. XI f.

7 Vgl. Campbell *Craig,* American Realism versus American Imperialism, in: World Politics, Oktober 2004, S. 143-171, hier S. 159.

Stellung der USA im internationalen System seit Ende des Ost-West-Konflikts endlich begrifflich erfasst zu werden schien, eingängiger als es die Rede von der »indispensable nation«, von »leadership«, von »primacy« oder »unipolarity« vermochte. Wenn von Imperium und imperial die Rede ist, dann ist jedoch oft das gemeint, was besser in einem anderen Begriff zum Ausdruck kommt: dem der Hegemonie.[8]

Nicht eine Verwischung zum Zwecke des historischen Vergleichs,[9] sondern eine klare Abgrenzung der Begriffe Imperium/imperial und Hegemonie/hegemonial dient dem Verständnis der internationalen Rolle der USA und der gegenwärtigen Entwicklung.[10] Gewiss, für die »kreative« Verwendung des Imperiumsbegriffs spricht am ehesten die Möglichkeit, die USA und andere große Mächte der Geschichte der vergleichenden Betrachtung zu öffnen.[11] Doch ist wirklich viel gewonnen, wenn das amerikanische Imperium mit dem römischen verglichen wird und sich einige Gemeinsamkeiten finden lassen? Am Ende gilt nach wie vor, was Raymond *Aron* vor drei Jahrzehnten in seinem Buch über die »Imperiale Republik« schrieb: »All those who use the term 'American empire' promptly qualify it by adding that this empire does not in any way resemble any other empire, that it does not involve either military conquest, as did that of the Romans and Mongols, or direct administration of native peoples in the manner of the Europeans in Africa toward the end of the last century ... I shall leave to others the game and pleasures of historical comparison made so fashionable by the Spenglers and Toynbees - Greece and Rome, Europe and the United States, for example; anyone is at liberty to stress the similarities or differences according to taste.«[12]

Der Begriff Imperium beinhaltet im historischen Verständnis, daran hat der Historiker Paul *Schroeder* überzeugend erinnert, »politische Kontrolle, die von einer organisierten politischen Einheit über eine andere von ihr getrennte und fremde Einheit ausge-

8 Der Begriff Imperium ist - was die gegenwärtige US-Außenpolitik angeht - sinnvoll allenfalls im Sinne dessen, was im neuzeitlichen Staatensystem einmal »universal empire« genannt wurde - nämlich die vorherrschende Position im Staatensystem. Aber hierfür wird im heutigen Sprachgebrauch eher der Begriff globale Hegemonie verwendet. Dazu David C. *Hendrickson,* The Curious Case of American Hegemony: Imperial Aspirations and National Decline, in: *World Policy Journal,* Sommer 2005, S. 1-22.

9 Wie bei *Ferguson,* Colossus: The Price of America's Empire, London 2004.

10 Diese analytisch sinnvolle Trennlinie fehlt bei der Annahme eines fließenden Übergangs zwischen Hegemonie und Imperium. Für Herfried *Münkler* ist das Kriterium nicht die »Einmischung in die inneren Angelegenheiten der kleineren Staaten«, sondern das Machtverhältnis zwischen Staaten. Ein Hegemon ist aus dieser Sicht »der Erste unter tendenziell Gleichen«, ein Imperium liegt dann vor, wenn das »Machtgefälle zwischen der Zentralmacht und den anderen Angehörigen der politischen Ordnung so groß geworden ist, dass es auch durch Gleichheitsfiktionen nicht mehr überbrückt werden kann.« Herfried *Münkler,* Imperien. Die Logik der Weltherrschaft vom Alten Rom bis zu den Vereinigten Staaten, Berlin 2005, S. 77.

11 So Michael *Cox,* Empire by denial: the strange case of the United States, in: *International Affairs,* Nr. 1/2005, S. 15-30.

12 Vgl. Raymond *Aron,* The Imperial Republic. The United States and the World, 1945-1973, Englewood Cliffs, NJ, 1974, S. 279 (im französischen Original 1973 erschienen).

übt wird«.[13] Dabei muss es sich nicht notwendigerweise um direkte formale Kontrolle handeln; sei es in Form einer Besatzung, einer Annexion oder eines Protektorates. Es kann auch indirekte informelle Herrschaft sein, sei es in Gestalt ökonomischer oder kultureller Dominanz, sei es in Form der latenten oder offenen Drohung, militärisch zu intervenieren. Grundlegendes Spezifikum, das ein Imperium auszeichnet, ist die wie auch immer ausgeübte »final authority«. Gewiss ist es schwierig zu bestimmen, ab welchem Punkt informell ausgeübte Macht sich tatsächlich in derartigen Einfluss umsetzt, so dass von wirkungsvoller Kontrolle gesprochen werden kann.[14] Erst dann würde es sich tatsächlich um ein informelles Imperium handeln - und nicht nur um imperiale Ambitionen. Aber dies ist eine empirische, keine konzeptionelle Frage. Ein wesentliches empirisches Defizit der Imperiumsdiskussion ist es, dass die Raumdimension, die Reichweite und die Grenzen des angeblichen amerikanischen Imperiums nie bestimmt werden.

Amerikanische Hegemonie

Der Begriff Hegemonie bezieht sich - sei es in globaler, sei es in regionaler Ausprägung - auf vorherrschenden Einfluss und die anerkannte Führungsposition einer politischen Einheit im Rahmen eines Systems ohne letzte Entscheidungsautorität.[15] Nun ist Hegemonie bei näherem Hinsehen ebenfalls ein umstrittener Begriff, der in unterschiedlichen Theorieansätzen unterschiedlich gebraucht wird.[16] Unstrittig ist aber, dass Hegemonie einer materiellen Grundlage bedarf, entsprechender Machtressourcen, über deren volles Spektrum heute nur die USA verfügen.[17] Hegemonie in diesem Verständnis des Begriffes beinhaltet zweierlei: zum einen überragende Machtressourcen, zum anderen ihren Einsatz im Sinne internationaler Führung.[18]

---

13 Vgl. Paul *Schroeder,* Is the U.S. an Empire?, 3.2.2003, <http://hnn.us/articles/1237.html> (»political control exercised by one organized political unit over another unit separate and alien from it.«), abgerufen am 11.7.2006.

14 Vgl. Joseph A. *Fry,* Imperialism, American style, 1890-1916, in: Gordon *Martel* (Hrsg.), American Foreign Relations Reconsidered, 1890-1993, London/New York 1994, S. 52-70, hier S. 53.

15 »Hegemony means clear, acknowledged leadership and dominant influence by one unit within a community of units not under a single authority.« *Schroeder,* a.a.O. (Anm. 13.) - Für Michael *Doyle* dagegen ist der entscheidende Unterschied zwischen Imperium und Hegemonie die Reichweite effektiver politischer Kontrolle: »Control of both foreign and domestic policy characterizes empire, control of only foreign policy, hegemony.« Vgl. Michael W. *Doyle,* Empires, Ithaca/London 1986, S. 40. Hegemonie wird in diesem Verständnis zu einem rein relationalen Konzept; die systemische Ebene und der Einfluss, den ein Staat auf die Normen und Regeln internationaler Politik nimmt, fallen aus dieser Definition heraus.

16 Vgl. Miriam *Prys,* The Contested Concept of Hegemony: Using Conceptual Analysis as a Toll for Clarification, Paper presented at the 45th Annual Convention of the International Studies Association, Montreal, 17.-20. März 2004.

17 Vgl. dazu ausführlich Stephen G. *Brooks*/William C. *Wohlforth,* American Primacy in Perspective, in: *Foreign Affairs,* Juli-August 2002, S. 20-33.

18 Vgl. dazu Michael *Cox,* September 11th and U.S. Hegemony - Or Will the 21st Century Be American Too?, in: *International Studies Perspectives,* Februar 2002, S. 53-70, hier S. 55. Werner

Die Hegemonie der USA - verstanden als die Fähigkeit der wirtschaftlich und militärisch führenden Macht, Regeln und Institutionen internationaler Politik in starkem Maße zu bestimmen - war auch in der Hochphase ihrer Machtfülle nach 1945 nie umfassend, sondern regional und funktional begrenzt.[19] Die USA waren nach den Erfahrungen der 30er und 40er Jahre am Ende des Zweiten Weltkrieges entschlossen, die hegemoniale Rolle zu übernehmen, um ein stabiles internationales System zu schaffen, in dem das liberal-kapitalistische System der USA gedeihen konnte.[20] Diese Hegemonie hatte eine spezifisch amerikanische Form. Denn amerikanische Außenpolitik nach 1945 war von der Vorstellung einer multilateralen Ordnung geleitet. In reiner Form bedeutete das den Aufbau von Institutionen, deren Regeln für alle gelten sollten. Durch diese Orientierung unterschied sich die liberale amerikanische Hegemonie in der Tat von allen sonstigen Formen hegemonialer Machtausübung.[21] Die Vision einer multilateralen Ordnung beruhte daher nicht nur, wie es die realistische Kritik sieht, auf naivem Idealismus, und sie stellte auch nicht nur eine rhetorische Verbrämung von Machtpolitik dar. Beim Multilateralismus nach 1945 handelte es sich vielmehr um die Orientierung einer Führungsmacht, die aus Interesse an einer multilateralen Ordnung ihrem unilateralen Handeln Schranken setzte. Es war der Multilateralismus einer im westlichen System eindeutig vorherrschenden Macht, der ihr weiten Handlungsspielraum ließ.[22]

Charakteristisch war die Einbindung anderer Staaten in die ordnungspolitischen Vorstellungen und die normativen Ideen der hegemonialen Macht.[23] Amerikanische He-

---

Link definiert Hegemonie im Anschluss an das klassische Werk von Heinrich *Triepel* als ein »Führungsverhältnis, bei dem ein mächtiger Staat ›bestimmenden Einfluss‹ ausübt und andere Staaten (die ›Gefolgsstaaten‹) dies akzeptieren«. *Link,* Hegemonie und Gleichgewicht der Macht, in: Mir A. *Ferdowsi* (Hrsg.), Sicherheit und Frieden zu Beginn des 21. Jahrhunderts. Konzeptionen-Akteure-Regionen, München, 3. Auflage 2004, S. 43-61, hier S. 45. Versteht man unter Hegemonie überlegene Machtressourcen und entsprechender daraus erwachsender Einfluss, dann kann es auch Unipolarität ohne Hegemonie geben. Zahlreich sind die Fälle, in denen die USA ihre Macht nicht in entsprechenden Einfluss umsetzen (können), vgl. David *Wilkinson,* Unipolarity Without Hegemony, in: *International Studies Review,* Nr. 2/1999, S. 141-172, hier S. 144 f., Zitat S. 145. Zur Unterscheidung zwischen Unipolarität als strukturellem Konzept und Hegemonie als Beziehungsverhältnis vgl. auch Elke *Krahmann,* American Hegemony or Global Governance? Competing Visions of International Security, in: *International Studies Review,* Dezember 2005, S. 531-545, hier S. 533 f.

19 Vgl. zum Hegemonieverständnis Joseph S. *Nye, Jr.,* Bound to Lead: The Changing Nature of American Power, New York 1990, S. 37-40.

20 Vgl. Melvyn P. *Leffler,* A Preponderance of Power: National Security, the Truman Administration, and the Cold War, Stanford 1992.

21 Sie reflektierte, wie John Gerard *Ruggie* argumentiert hat, die politische Idee und Identität der USA als einer im Prinzip jedem offenstehenden Gemeinschaft. Vgl. John Gerard *Ruggie,* Winning the Peace: America and World Order in the New Era, New York 1996, S. 20-27.

22 Vgl. Robert W. *Tucker,* The Future of a Contradiction, in: *The National Interest,* Frühjahr 1996, S. 20-27, hier S. 26.

23 Vgl. John *Agnew,* Hegemony: The New Shape of Global Power, Philadelphia 2005, S. 1 f.

gemonie war in diesem Sinne von vornherein nicht territorial und imperial angelegt, sondern institutionell. Insofern lässt sich mit Blick auf die wichtigen internationalen Organisationen von einer »institutionalisierten Hegemonie« liberaler Ideen sprechen - und damit gar vom »Westen« insgesamt als »kollektivem Hegemon«, innerhalb dessen den USA eine konstitutive und durchsetzende Funktion zukommt.[24]

Hegemoniale Außenpolitik sah im Falle der USA unterschiedlich aus, gegenüber demokratischen Verbündeten im Sinne wohlwollender Hegemonie auf »weicher Macht« beruhend und konsensorientiert, gegenüber autoritären Staaten sich auf harte Machtressourcen stützend und zwangausübend - ja unter Umständen imperiale Formen annehmend.[25] Vermutlich hatte Raymond *Aron* recht, als er vor 30 Jahren in seinem Buch über die »Imperiale Republik« schrieb, dass jede Großmacht zu imperialen Tendenzen neige, wenn das Machtgefälle zu anderen Staaten sehr groß wird und sie Funktionen übernehmen, die allein sie auszuüben in der Lage ist.[26] Die USA haben in der Vergangenheit je nach Region und Situation immer wieder eine imperiale Politik betrieben, vielleicht auch nur eine Außenpolitik mit imperialen Konsequenzen, ja gelegentlich auch eine imperialistisch in dem Sinne, dass ein formelles Imperium geschaffen wurde, wie das nach 1898 für einige Zeit der Fall war.[27] Eine solche imperiale Politik galt für die Peripherie des internationalen Staatensystems und in besonderem Maße für die originäre westliche Einflusssphäre. Doch heute gegenüber den europäischen und asiatischen Verbündeten, gegenüber Russland und China ist eine solche Kennzeichnung der amerikanischen Politik absurd, keine weitere Qualifikation des Wortes imperial ändert an diesem Befund etwas.[28]

---

24 Donald J. *Puchala,* World Hegemony and the United Nations, in: *International Studies Review,* Nr. 7/2005, S. 571-584.

25 Zu dieser differenzierten Sicht hegemonialer Außenpolitik vgl. Bernd W. *Kubbig,* Between Self-Restraint and "All Options Open«: Positioning the US Hegemon in the Democratic/Non-Democratic Divide. Conclusions, in: ders. (Guest Editor), Toward a New American Century? The US Hegemon in Motion, in: Amerikastudien, Nr. 4/2001, S. 661-686. Unterschieden werden im Rahmen der konsensbasierten Hegemonie gegenüber demokratischen Staaten zwei Varianten hegemonialer Außenpolitik eines demokratischen Hegemons: die eines »weak hegemon« und die eines »benevolent benign hegemon«. Gegenüber nichtdemokratischen oder sich im Prozess der Demokratisierung befindlichen Staaten unterscheidet *Kubbig* zwei Formen der machtbasierten-Hegemonie: den »coercive hegemon« und den eine geradezu imperialistiche Politik betreibenden »unconditioned coercive hegemon«. Die Möglichkeit, dass die USA gegenüber anderen demokratischen Staaten weder im Sinne eines »schwachen« Hegemons als erster unter Gleichen agieren noch im Sinne eines starken »wohlwollenden« Hegemons einen kompromissorientierten Multilateralismus betreiben, kommt in dieser Typologie jedoch nicht vor.

26 *Aron,* a.a.O. (Anm. 12), S. 256.

27 Vgl. Klaus *Schwabe,* The Global Role of the United States and Its Imperial Consequences, 1898-1973, in: Wolfgang J. *Mommsen*/Jürgen *Osterhammel* (Hrsg.), Imperialism and After: Continuities and Discontinuities, German Historical Institute, London 1986, S. 13-33.

28 Vgl. G. John *Ikenberry,* Illusions of Empire: Defining the New American Order, in: *Foreign Affairs,* Nr. 2, März/April 2004, S. 144-156.

Die der amerikanischen Weltpolitik nach 1945 zugrunde liegende Rolle eines liberalen Hegemons, der in seiner Außenpolitik die Interessen anderer Staaten in die Bestimmung der eigenen Interessen aufnimmt und als internationale Ordnungsmacht handelt, ruht auf drei wichtigen Voraussetzungen:[29] erstens der Bewahrung kooperativer Beziehungen zu anderen großen Mächten, deren Interessen berücksichtigt werden müssen, damit sie möglichst wenig Anreize haben, die von den USA geführte internationale Ordnung herauszufordern und das Machtgleichgewicht zu verändern; zweitens der Bereitschaft, um der internationalen Ordnung willen auch dann (militärisch) zu intervenieren, wenn vitale nationale Interessen nicht unmittelbar berührt sind; drittens einer Präferenz für multilaterale Mechanismen, damit andere Staaten eine Chance haben, ihre Interessen und Perspektiven einzubringen, und die Bereitschaft, sich selbst den für alle geltenden Regeln multilateraler Institutionen zu unterwerfen und gestaltend solche Strukturen aufzubauen und weiterzuentwickeln.

Dass die tatsächliche amerikanische Außenpolitik auch vor der jetzigen Administration diesem Idealtypus nicht entsprochen hat, ist offenkundig. Schon unter Präsident Bill *Clinton* zeigte sich entgegen den Bemühungen, die amerikanische Führungsrolle im Sinne liberaler Hegemonie zu gestalten, die Tendenz zu einer unilateralen Strategie. Anders als später unter Präsident George W. *Bush* war diese Tendenz nicht Konsequenz der strategischen Orientierung der Administration, sondern vielmehr strukturell bedingt durch die nach Ende des Kalten Krieges erstarkende Rolle des Kongresses im Politikprozess. Dieser zeigte sich offen für den Widerstand partikularer gesellschaftlicher und bürokratischer Akteure gegen eine verstärkte multilaterale Einbindung amerikanischer Macht. Ideologisch neigte die Republikanische Mehrheit zudem einer Politik zu, die sich eher an engen nationalen Weltmachtinteressen orientierte als an den Imperativen einer hegemonialen Rolle.[30]

Bushs Hegemonialismus mit imperialen Implikationen

Sind die USA nach dem 11. September 2001 in eine neue Phase imperialer Außenpolitik eingetreten? Die Anschläge aktivierten das von Historikern diagnostizierte Streben nach »absoluter Sicherheit«.[31] In der Rhetorik des Präsidenten blitzt dieses Motiv seit-

29 Zur Problematik vgl. *Ikenberry,* After Victory: Institutions, Strategic Restraint, and the Rebuilding of Order after Major Wars, Princeton/Oxford 2001; ders., Getting Hegemony Right, in: *The National Interest,* Frühjahr 2001, S. 17-24; William C. *Wohlforth,* The Stability of a Unipolar World, in: *International Security,* Sommer 1999, S. 5-41.

30 Vgl. Peter *Rudolf,* Amerikanische Außenpolitik im Spannungsverhältnis zwischen hegemonialen Ansprüchen und innenpolitischen Restriktionen, in: Jens *van Scherpenberg*/Peter *Schmidt* (Hrsg.), Stabilität und Kooperation: Aufgaben internationaler Ordnungspolitik, Baden-Baden 2000, S. 217-233; David *Skidmore,* Understanding the Unilateralist Turn in U.S. Foreign Policy, in: *Foreign Policy Analysis,* Juli 2005, S. 207-228.

31 Vgl. James *Chace*/Caleb *Carr,* America Invulnerable: The Quest for Absolute Security from 1812 to Star Wars, New York 1988.

dem immer wieder auf. Sollen die USA sich jemals wieder sicher fühlen können, muss die Bedrohung durch Terroristen und die unterstützenden Staaten in toto beseitigt werden: »We will not be secure as a nation until all of these threats are defeated. Across the world and across the years, we will fight these evil ones, and we will win.«[32]

Im globalen »Krieg gegen den Terrorismus« werden unterschiedliche Bedrohungen und Risiken zu einer »monolithischen Bedrohung« vermengt; der vermeintlichen moralischen Klarheit wird die »strategische Klarheit« geopfert. Denn Strategie heißt Ziele und Mittel klar zu benennen, mit den verfügbaren Ressourcen zu verbinden und dann Prioritäten zu setzen. Statt dessen hat die Bush-Administration die USA auf einen »hopeless quest for absolute security« ausgerichtet, wie es ein Kritiker ausdrückte.[33]

Unter Präsident *Bush* wurde der »Globale Krieg gegen den Terror« - und zwar in seiner staatszentrierten, das heißt gegen »Terrorstaaten« mit Massenvernichtungswaffen gerichteten Form - zur Legitimation für die Durchsetzung eines neuen strategischen Paradigmas:[34] eines Hegemonialismus mit imperialen Implikationen, einer »grand strategy«, die nicht in erster Linie auf »institutionelle Macht« setzt, auf die konsensorientierte Kooperation innerhalb multilateraler Institutionen, sondern auf einseitiges Handeln und harte »erzwingende Macht« zur Durchsetzung eigener, sehr weit verstandener Sicherheitsinteressen.[35] Zentrale Prinzipien in diesem Paradigma sind: erstens die Bewahrung einer überlegenen Machtposition der USA, insbesondere der unerreichbaren militärischen Überlegenheit als Garantie für internationale Stabilität (im Sinne der Theorie »hegemonialer Stabilität«); zweitens die strategische Unabhängigkeit, das heißt die Verbindung eines ausgeprägten Unilateralismus mit Elementen eines instrumentellen Multilateralismus, der internationale Institutionen dann als nützlich ansieht, wenn sie außenpolitischen Aktionen internationale Legitimität verleihen und die Kosten für die USA verringern helfen; drittens die Ausweitung des Verständnisses legitimer Selbstverteidigung im Sinne eines Rechts auf offensive »präventive Selbstverteidigung«; viertens die Transformation autokratischer Staaten in Richtung Freiheit und Demokratie und zwar mit dem Fokus - und das ist das tatsächlich Neue - auf der arabischen Welt.

---

32 Vgl. George W. *Bush,* President Shares Thanksgiving Meal with Troops, Fort Campbell, 21.11.2001, <http://www.whitehouse.gov/news/releases/2001/11/20011121-3.html>, abgerufen am 10.7.2006.

33 Vgl. Jeffrey *Record,* Bounding the Global War on Terrorism, Strategic Studies Institute, U.S. Army War College, Carlisle, Dezember 2003, Zitate S. V.

34 Detailliert mit ausführlichen Belegen vgl. *Rudolf,* George W. Bushs außenpolitische Strategie, Stiftung Wissenschaft und Politik, Berlin, September 2005.

35 Zu den Begriffen vgl. Michael *Barnett/*Raymond Duvall, Power in International Politics, in: International Organization, Winter 2005, S. 39-75, hier S. 62 ff. Zur Frage, ob und inwieweit sich in der Bush-Außenpolitik die ideologische Wende zu einer imperialen Politik abzeichnet, vgl. auch John *Agnew,* American Hegemony Into American Empire? Lessons from the Invasion of Iraq, in: *Antipode,* 2003, S. 871-885.

Keines der vier grundlegenden Prinzipien ist für sich genommen wirklich neu in der Geschichte amerikanischer Außenpolitik. Insofern ist es übertrieben, von einer »Revolution«[36] zu sprechen.[37] Neu ist jedoch ihre derart starke Akzentuierung und ihre Verbindung in einem programmatischen Entwurf, der sich von dem der meisten vorausgegangenen Administrationen in der Zeit nach 1945 unterscheidet.

Die Irak-Intervention war imperiale Konsequenz des neuen amerikanischen Hegemonialismus, der großen Rolle, die militärischer Macht zugewiesen wird, der Überzeugung, die USA seien eine Kraft des Guten, der optimistischen Einschätzung amerikanischer Fähigkeiten und des Willens zur aktiven Gestaltung des globalen sicherheitspolitischen Umfelds.[38] Die Intervention zeigte: Die USA sind den »imperialen Versuchungen«[39] ausgesetzt, denen Großmächte in der Geschichte immer wieder erlagen: dem präventiven offensiven Einsatz militärischer Macht, um potenzielle künftige Bedrohungen auszuschalten.

Von seiner vorrangigen Motivation her lässt er sich als Präventivkrieg bezeichnen, von seiner Konsequenz, nämlich der Besetzung und Umgestaltung eines Staates, als imperialer Krieg. Warum war der Irak-Krieg vom Typus her ein Krieg, der dem klassischen Typus des Präventivkrieges entspricht? Es ging darum, in einer günstigen Situation eine potenzielle spätere Veränderung der militärischen Machtbalance zuungunsten der Vereinigten Staaten zu verhindern, die vom Irak zur Bedrohung des Status quo in einer aufgrund der dortigen Energieressourcen weltpolitisch und weltwirtschaftlich zentralen Region genutzt hätte werden können.[40] Hintergrund war die seit dem Golf-Krieg immer wieder von amerikanischer Seite geäußerte Befürchtung, ein nuklear bewaffneter Irak könnte die Machtkonstellation am Persischen Golf verändern, die amerikanische Interventionsfähigkeit beeinträchtigen.[41] Es waren die Intention des

---

36 Vgl. Ivo *Daalder*/James M. *Lindsay*, America Unbound: The Bush Revolution in Foreign Policy, Washington, DC, 2003.

37 Vgl. Melvyn P. *Leffler*, 9/11 and the past and future of American foreign policy, in: *International Affairs*, Nr. 5/2003, S. 1045-1063; ders., Bush's Foreign Policy, in: *Foreign Policy*, September/Oktober 2004, S. 22-28; zu den historischen Wurzeln und Traditionselementen vgl. John Lewis *Gaddis*, Surprise, Security, and the American Experience, Cambridge, MA/London 2004.

38 So James *Mann*, Rise of the Vulcans: The History of Bush's War Cabinet, New York 2004, S. 362 ff.

39 Vgl. Jack *Snyder*, Imperial Temptations, in: *The National Interest*, Frühjahr 2003, S. 29-40.

40 Hierzu und im folgenden vgl. Scott A. *Silverstone*, The Preventive War Taboo and American Democracy, Paper prepared for presentation at the 2004 annual meeting of the International Studies Association, Montreal, 20.3.2004.

41 Die Verwendung des Begriffes »preventive war« im Sinne eines Kriegstypus ist analytisch nicht ganz unproblematisch: Der Typus Präventivkrieg wird von der Motivation für den Krieg her bestimmt, von seiner Ursache. Nun kann die präventive Motivation - die Angst vor einer Machtverschiebung - eine unter mehreren Gründen für den Krieg sein. Und es gibt kein klares Kriterium, wie wichtig dieses präventive Motiv gewesen sein, um die Zuordnung zum Typus des Präventivkrieges zu rechtfertigen. *Levy* bleibt bei dem gängigen Begriff, verwendet ihn aber in dem Sinne eines Krieges, der Resultat einer Strategie ist, die primär in einer »preventive motivation« begründet ist. Vgl. Jack S. *Levy*/Joseph R. *Gochal*, Democracy and Preventive War: Israel and the

irakischen Regimes und die potenzielle, nach Lockerung und Erosion des Sanktionsregimes zu erwartende längerfristige Fähigkeit zum Ausbau des militärischen Potenzials, die dieser Präventivkriegslogik zugrunde - eine Logik, die politisch handlungsmächtig wurde, weil mit einem Regimesturz sich mehr und mehr die Hoffnung verband, die gesamte politische Konstellation im nahöstlichen Konfliktsystem zu verändern.

Die propagandistische Rede von Präemption und die Täuschungen und Selbsttäuschungen über die tatsächlich existierenden Programme verdecken allzu leicht die tatsächliche Handlungslogik. Die Einbettung der Irak-Problematik in das diskursive Konstrukt des »war on terror« half die in einer Demokratie wie der amerikanischen zu erwartenden normativen Widerstände gegen einen Präventivkrieg zu überwinden. Dieser Deutungsrahmen ermöglichte es, die Unterstützung in Öffentlichkeit und Kongress für den Krieg gegen den Irak zu mobilisieren, gegen ein irakisches Regime, das über den hypothetischen Nexus zwischen Schurkenstaaten, Massenvernichtungswaffen und Terroristen zum vorrangigen Ziel des »Krieges gegen den Terror« wurde.[42]

Eine vermutlich nur aus der politischen Kultur der USA erklärliche Selbsttäuschung ließ die amerikanische Administration erwarten, dass das imperiale Projekt, in das der Krieg führte, mit geringen Kosten verbunden sein würde, dass die sich nach Befreiung vom Joch der Diktatur sehnenden Iraker die mit den besten Absichten kommenden amerikanischen Befreier willkommen heißen würden, dass die Integration in das »empire of liberty« zügig gehen würde und die Umgestaltung des Irak einen »demokratischen Dominoeffekt« auslösen würde. Selbst wenn das imperiale Projekt mit weniger im nachhinein geradezu grotesk erscheinenden Planungsfehlern angegangen worden wäre - die Erfolgsaussichten dieses imperialen Projektes wäre extrem ungewiss gewesen. Dies lehrt die historische Erfahrung, dies zeigen die empirischen Kenntnisse über die notwendigen Voraussetzungen für die erfolgreiche demokratische Transformation eines besetzten Landes.[43]

Schon die transatlantische Kontroverse im Vorfeld des Krieges ließ eine der grundlegenden Prämissen der Bush-Außenpolitik zusammenbrechen: dass nämlich bei entschlossener Führung und Willensstärke die zunächst skeptischen Staaten auf den Zug aufspringen, »bandwagoning« betreiben und so dem amerikanischen Handeln jene internationale Legitimität verleihen würden, auf die die USA in ihrem traditionellen Selbstverständnis des »wohlwollenden Hegemons« auch aus innenpolitischen Gründen zu einem gewissen Grad angewiesen sind.[44] Die Besetzung des Irak schließlich

---

1956 Sinai Campaign, in: *Security Studies,* Winter 2001(2002), S. 1-49, hier S. 6-10, Zitat S. 10.

42 Ausführlich dazu vgl. *Rudolf,* Der 11. September, die Neuorientierung amerikanischer Außenpolitik und der Krieg gegen den Irak, in: *Zeitschrift für Politik,* August 2003, S. 257-280.

43 Vgl. Minxin *Pei*/Sara *Kasper,* Lessons from the Past: The American Record on Nation Building, Carnegie Endowment for International Peace (Washington), *Policy Brief,* Nr. 24, Mai 2003.

44 Vgl. Robert *Kagan,* America's Crisis of Legitimacy, in: *Foreign Affairs,* März/April 2004, S. 65-87.

offenbarte die Grenzen amerikanischer militärischer Machtentfaltung – und die Grenzen »imperialer« Politik.

Irak führt somit auch zur Krise des neuen außenpolitischen Paradigmas. Dieses wurde zwar nicht durch ein neues abgelöst.[45] Doch beschränkte außenpolitische Handlungsoptionen und eine veränderte personelle Konstellation haben den ursprünglich geradezu revolutionären Elan gedämpft, das Zugehen auf andere Staaten erzwungen und zur Rückbesinnung auf eine geschmeidige Diplomatie beigetragen.[46] Die Begrenztheit strategischer Optionen zeigte sich insbesondere im Umgang mit den beiden verbleibenden Staaten auf der »Achse des Bösen«: Nord-Korea und Iran. Seit einiger Zeit bereits im Falle Nord-Koreas,[47] mittlerweile auch im Falle des Iran[48] agieren die USA unter Präsident *Bush* nolens volens im Rahmens eines Konzerts der Großmächte – und nicht als hegemoniale oder gar imperiale Macht. Noch ist schwer zu sagen, ob sich in der Politik der Bush-Administration eine nachhaltige Rückbesinnung auf die Handlungslogik liberaler Hegemonie (»Multilateral, soweit möglich, unilateral, wo notwendig«) abzeichnet.

Imperiale Überdehnung?

Massive Ausgaben für das amerikanische Militär und den Krieg im Irak auf der einen, Steuersenkungen auf der anderen Seite – und das alles mit der Konsequenz eines großen, durch ausländische Geldzuflüsse finanzierten Haushaltsdefizits: kein Wunder, dass die Debatte um die »imperiale Überdehnung« wieder eingesetzt hat. Ende der 80er Jahre des 20. Jahrhunderts war sie in einer pessimistischen »fin-de-siècle«-Stimmung schon einmal aufgebrochen. Das Ende des sowjetischen Imperiums und der Wirtschaftsboom der 90er Jahre ließen diese Diskussion jedoch alsbald verstummen.[49]

---

45 Die Nationale Sicherheitsstrategie von 2006 lässt im Vergleich zu der von 2002 zwar eine Schwerpunktverlagerung auf die Förderung von Demokratie erkennen, sie enthält jedoch keinen neuen strategischen Entwurf, sondern im Kern die Grundelemente der Strategie von 2002 (vgl. hierzu den Text in: *Internationale Politik*, Nr. 12/2002, S. 113–138). Als kritische Analyse vgl. Lawrence *Korb*/Caroline *Wadhams*, A Critique of the Bush-Administration's National Security Strategy, The Stanley Foundation, Policy Analysis Brief, Muscatine, IA, Juni 2006.

46 Vgl. hierzu und im Folgenden James *Kitfield*, Foreign Policy – After the Revolution, in: *National Journal*, 4.2.2006; Richard N. *Haass*, Is There a Doctrine in the House?, in: *New York Times (NYT)*, 8.11.2005.

47 Vgl. hierzu David *Kerr*, The Sino-Russian Partnership and U.S. Policy Toward North Korea: From Hegemony to Concert in Northeast Asia, in: *International Studies Quarterly*, September 2005, S. 411–437

48 Vgl. etwa David E. *Sanger*, Bush's Realization on Iran: No Good Choice Left Except Talks, in: *NYT*, 1.6.2006.

49 Vgl. Rudolf *Witzel*, Der Niedergang Amerikas – Mythos oder Realität? Zur Selbstverständnisdebatte in den USA, in: Bernd W. *Kubbig* (Hrsg.), Transatlantische Unsicherheit. Die amerikanisch-europäischen Beziehungen im Umbruch, Frankfurt am Main 1991, S. 105–124; Paul *Kennedy*, Fin-de-Siécle America, in: *The New York Review of Books*, 28.6.1990, S. 31–40.

Eine Kombination von kostspieligen internationalen Engagement und wirtschaftlicher Schwäche werde - so das mittlerweile wieder zu hörende Argument - zum hegemonialen Niedergang führen. Die USA werden dem Schicksal anderer hegemonialer Mächte nicht entgehen können.[50] Vorhersagen dieser Art sind weniger als Prognosen über unvermeidbare Entwicklungen zu interpretieren, sondern als Aufruf zur Umkehr, zur Hinwendung zu einer weniger ambitionierten, bescheideneren Außenpolitik.

Doch sind die USA heute schon der »müde Titan«, der Großbritannien vor hundert Jahren einst war, wie Timothy Garton *Ash* meint?[51] Die Analogie - da hat John *Ikenberry*, ein Kritiker imperialer Ambitionen, recht - ist falsch: Großbritannien war schlicht imperial überdehnt, die USA sind es nicht. Großbritannien zu Beginn des 20. Jahrhundert und die USA zu Beginn des 21. Jahrhunderts unterscheiden sich grundlegend in ihrer relativen Machtposition. Großbritannien hatte damals den Zenit seiner Macht lange überschritten, von den USA lässt sich dies nicht sagen. Die USA, vielleicht auch Deutschland hatten zu jener Zeit Großbritannien längst als führende Industriemächte abgelöst, die USA liegen wirtschaftlich heute noch weit vorne. Nicht materielle Überdehnung, sondern »awful leadership« ist für *Ikenberry* das amerikanische Problem. Die internationale Konstellation sei für eine langfristige Institutionalisierung der amerikanischen Führungsrolle günstig; das Problem sei eher eine kluge Außenpolitik, nicht ein Mangel an Machtressourcen.[52] Finanziell lässt sich nicht von »imperialer Überdehnung« sprechen. Der Anteil der Verteidigungsausgaben liegt bei etwa 4% des Bruttoinlandprodukts - weit weniger als im Kalten Krieg.[53]

Ungewiss ist sicher, wie lange die gegenwärtige Politik von »Kanonen und Butter« trägt, wie lange es möglich ist, »ein durch niedrige Kapitalmarktzinsen getriebenes hohes inländisches Konsumniveau und ein hohes Budgetdefizit bei daraus resultierendem wachsendem Leistungsbilanzdefizit mit einem annehmbaren gesamtwirtschaftlichen Wachstum zu verbinden.«[54] Lastenverlagerung auf andere Staaten, sei es über Vereinbarungen, sei es über Marktmechanismen, sind eine Möglichkeiten, den wirtschaftlichen Ungleichgewichten entgegenzuwirken; die Erhöhung der unter Präsident *Bush* massiv gesenkten Steuern und Ausgabenkürzungen die andere. Steuererhöhungen mögen politisch nicht opportun sein, aber rein ökonomisch sind die USA nicht an den Grenzen der derzeitigen Politik angelangt.

---

50 Vgl. Christopher *Layne,* The Cost of Empire, in: *The American Conservative,* 3.10.2003.

51 Timothy Garton *Ash,* Stagger on, weary Titan, in: *The Guardian,* 25.8.2005.

52 G. John *Ikenberry,* Weary Titan or Poorly Led Superpower?, 5.9.2005; über <http://americaabroad.tpmcafe.com>.

53 Abgesehen von den Militärausgaben lässt sich, wie Joseph *Nye* es formulierte, eher ein »imperial understretch« feststellen. Die Ausgaben für das State Department und die United States Agency for International Development belaufen sich auf ein Prozent des Bundeshaushalts, vgl. Joseph S. *Nye,* Ill-Suited for Empire, in: *The Washington Post,* 25.5.2003.

54 Vgl. hierzu und im Folgenden Jens *van Scherpenberg,* Der geborgte Aufschwung. Die wirtschaftspolitische Bilanz der Regierung Bush 2001-2004. Berlin: Stiftung Wissenschaft und Politik, S 40, Oktober 2004, S. 33 ff. (Zitat S. 33).

Militärisch dagegen ist Irak längst ein Fall »imperialer Überdehnung«. Die Besatzung des Irak hat die amerikanischen Streitkräfte - genauer die Bodentruppen - hart strapaziert.[55] Wenn das amerikanische Militär im Rahmen eines »gemäßigt optimistischen« Szenarios bis Ende 2006 die direkt im Irak stationierten Truppen auf knapp 100000 reduzieren würde, wäre ein Niveau erreicht, das auf längere Zeit aus rein militärischer Sicht aufrechterhalten werden könnte.[56] Politisch muss die Administration keine ernstzunehmenden Rückzugsforderungen und entsprechende Fristen des Kongresses fürchten. Ihr ist es gelungen, den Irak-Krieg so sehr als Teil des »Krieges gegen den Terror« zu deuten und auf die Alternative »Sieg oder Niederlage« und die Demonstration amerikanischer Entschlossenheit zuzuspitzen, dass die Kritik im Kongress trotz des Rückgangs der öffentlichen Unterstützung für den Krieg zahnlos bleibt.[57]

Der Schwund an öffentlicher Unterstützung verlief schnell - verglichen mit den beiden anderen Kriegen nach 1945, in denen die USA eine beträchtliche Anzahl eigener Verluste zu verzeichnen hatten, nämlich Korea und Vietnam. Längst ist daher in der amerikanischen Diskussion die Rede vom »Irak-Syndrom«.[58] Zweifel an der Klugheit und dem Erfolg jeder ambitionierten militärischen Intervention, Zweifel an der stra-

---

55 Der Umfang der für die Besetzung des Irak eingesetzten Streitkräfte lag zwischen Frühjahr 2003 und Frühjahr 2005 zwischen 160000 und 180000 Tausend Soldaten, darunter 30000 Soldaten, die von den Golf-Staaten aus, vor allem von Kuwait, die Militärpräsenz im Irak unterstützen. Dieses Niveau konnte nur aufrecht erhalten werden, weil durch die Beendigung der amerikanischen Militärpräsenz in Bosnien-Herzegowina und die Reduzierung der Präsenz in Nordostasien rund 11000 Soldaten für andere Aufgaben freigesetzt wurden und vor allem aber, weil das Rotationstempo erhöht wurde und etliche Einheiten nicht mehr zwei Jahre in der Heimat verbringen können, nachdem sie ein Jahr im Irak eingesetzt waren. Zudem wurde in einem starken Maße auf Reserveeinheiten und Nationalgarde zurückgegriffen, was auf Dauer nicht durchzuhalten ist. Unter den Bedingungen einer schnelleren Rotation und unter der Annahme, dass die Militärpräsenz in Nordostasien auf reduziertem Niveau bleibt, könnten nach Schätzung des Congressional Budget Office im irakischen »theater«, also im Irak und unterstützend am Persischen Golf, rund 123000 Soldaten stationiert bleiben; vgl. Congressional Budget Office, An Analysis of the U.S. Military's Ability to Sustain an Occupation in Iraq: An Update, 5.10.2005.

56 Vgl. Bradley *Graham*/Robin *Wright*, 3 Brigades May be Cut in Iraq Early in 2006, in: *The Washington Post*, 23.11.2005.

57 Das zeigte sich deutlich im Juni 2006, als beide Häuser des Kongresses zum ersten Mal nach dem Einmarsch im Irak eine breite Debatte über den Krieg führten. Mit 256 zu 153 Stimmen, darunter 42 Demokraten, stimmte das Repräsentantenhaus für eine Resolution, in der die Unterstützung für den Sieg im »Krieg gegen den Terror« bekundet und »willkürliche Termine« für den Rückzug amerikanischer Truppen aus dem Irak abgelehnt wurden. Im Senat stimmten 31 Demokratische Senatoren zusammen mit allen Republikanern gegen eine von Senator John F. *Kerry* eingebrachte Initiative, nach der die meisten amerikanischen Streitkräfte bis Juli 2007 aus dem Irak abgezogen werden sollten, mit Ausnahme der Streitkräfte, die für die Ausbildung der iranischen Sicherheitskräfte, dem Schutz von Amerikanern und der Bekämpfung von Terroristen notwendig seien. Vgl. Jonathan *Broder*, Iraq Echoes in Both Chambers, in: *CQ Weekly*, 19.6.2006, S. 1700; John M. *Donelly*, Senate's Iraq War Debate Yields No New Answers, in: *CQ Weekly*, 26.6.2006, S. 1783.

58 Bereits die Hälfte der Amerikaner bezeichnete die Intervention als Fehler, als die Zahl der amerikanischen Toten Anfang 2005 bei 1500 lag. In Vietnam starben 20000 Amerikaner, bis die Hälfte der Öffentlichkeit im Jahre 1968 vor dem Hintergrund der sogenannten Tet-Offensive den Krieg als

tegischen Urteilsfähigkeit der Regierenden, Zweifel an der Fähigkeit von Politikern und Geheimdiensten, Bedrohungen für grundlegenden Interessen der USA wirklich einzuschätzen - das wird als »Irak-Syndrom« auch künftigen Regierungen zu schaffen machen.[59]

Neuer »Isolationismus«?

Doch hat das Trauma Irak die »Amerikaner« isolationistischer werden lassen, wie Berichte in internationalen Zeitungen und Zeitschriften über eine veränderte Stimmung suggerieren?[60] Durchaus zu erwarten ist, dass eine Debatte über den neuen Isolationismus im Entstehen ist, nicht zuletzt, weil US-Administrationen versucht sind, Kritiker ihrer Politik mit dem Stigma des Isolationismus zu belegen und inzwischen auch Präsident *Bush* vor dem »false comfort of isolationism« warnt.[61] Doch der amerikanische Isolationismus ist ein komplexes, oft missverstandenes Phänomen.[62] Diese Tradition prägte sich im Laufe der amerikanischen Geschichte unterschiedlich aus, ihre entscheidenden Facetten blieben jedoch konstant: die Idee der Bündnisfreiheit; die Nichtteilnahme an Kriegen anderer Staaten; die Betonung nationaler Souveränität wie auch eines größtmöglichen Maßes an Entscheidungsfreiheit und als Konsequenz dessen ein ausgeprägter Unilateralismus. Die Ablehnung militärischer Interventionen war keineswegs ein notwendiger Bestandteil des Isolationismus, wenngleich in den 30er Jahren des 20. Jahrhunderts die Vermeidung eines Krieges, vor allem eines Krieges in Europa, neben dem Unilateralismus die zweite tragende Säule des Isolationismus wurde.

Eine Minderheit von etwa einem Fünftel ist traditionell der isolationistischen Strömung im Sinne weitgehender weltpolitischer Enthaltsamkeit zuzurechnen. Die vorherrschende Stimmung in der amerikanischen Öffentlichkeit lässt sich weniger als eine »Wiederbelebung« des Isolationismus als ein Absage an die imperialen Implikationen der Bush-Außenpolitik interpretieren, als Wunsch, zu einer bescheideneren,

---

Fehler wertete. Vgl. John *Mueller,* The Iraq Syndrome, in: *Foreign Affairs,* November/Dezember 2005, S. 44-54.

59 Vgl. die Einschätzung von Lawrence *Freedman,* Rumsfeld's Legacy: The Iraq Syndrome, in: *The Washington Post,* 9.1.2005.

60 Vgl. Stop the world, we want to get off, in: *The Economist,* 17.11.2005; Americans are more isolationist, poll finds, in: *International Herald Tribune,* 18.11.2005.

61 »America rejects the false comfort of isolationism«, so Präsident *Bush* in der »State of the Union Address 2006« vom 31.1.2006, in der die Worte Isolationismus und oder Isolation viermal auftauchen.

62 Vgl. Manfred *Jonas,* Isolationism in America, 1935-1941, Ithaca/London 1966; ders., Isolationism, in: Alexander DeConde (Hrsg.), Encyclopedia of American Foreign Policy. Studies of the Principal Movements and Ideas, Bd. II, New York 1978, S. 496-506; Bear F. *Braumoeller,* The Myth of American Isolationism, Cambridge, MA, (vervielfältigt, o. J).; Walter A. *McDougall,* Promised Land, Crusader State: The American Encounter with the World Since 1776, Boston/New York 1997, S. 39-56.

»traditionelleren« internationalistischen Außenpolitik zurückzukehren.[63] Die Entwicklungen in der öffentlichen Meinung spiegeln die Tatsache wider, dass die hegemonial-unilaterale Strategie der Bush-Administration keineswegs den kollektiven Präferenzen der amerikanischen Öffentlichkeit zugunsten eines eher kooperativen Internationalismus entsprach. Diese Präferenzen hatten sich nach dem 11. September 2001 nicht grundlegend verändert.[64]

Rückbesinnung auf die Grundlagen liberaler Hegemonie?

Nach wie vor konkurrieren in den USA in erster Linie zwei Varianten hegemonialer Außenpolitik.[65] Das ist zum einen die unilaterale, unter Präsident *Bush* nach dem 11.9.2001 imperial zugespitzte und um das Element der Demokratieförderung bereicherte Version; zum anderen die eher liberal-multilaterale, die der Demokratischen Partei nahe stehende außenpolitische Experten im Sinne eines an die Tradition Woodrow *Wilsons* und Harry *Trumans* anknüpfenden »progressiven Internationalismus« propagieren, der bei aller multilateralen Orientierung die Bereitschaft zu militärischer Stärke betont.[66] Die intellektuellen Vertreter eines Rückzugs auf die Rolle einer uni-

---

63 Gewiss, die Zahl jener Amerikaner ist auf 41% gestiegen, die meinen, die USA sollten sich international vor allem um ihre Angelegenheiten kümmern und andere Staaten ihren eigenen Weg gehen lassen. Im Jahre 2002 hatten dem nur 30% zugestimmt. Jetzt liegen die Werte auf dem bisherigen Höchststand, den sie 1976 und fast zwanzig Jahr später 1995 mit jeweils 41% erreicht hatten. Doch drückt sich darin wirklich so etwas wie Isolationismus aus oder nicht vielmehr das Unbehagen mit der Außenpolitik von Präsident *Bush?* Lässt sich die Tatsache, dass die Zahl derjenigen, die eine vorteilhafte Sicht der UN teilen, von 77% vor vier Jahren auf 48% gesunken ist, als Beleg für einen wachsenden Isolationismus sehen, wenn zur gleichen Zeit 84% der Befragten meinen, dass die amerikanisch-europäische Partnerschaft so eng wie in der Vergangenheit sein sollte? Es spricht nicht gerade für eine Rückzugsstimmung, wenn die Hälfte der Amerikaner es befürwortet, dass die USA ihren Status als einzige militärische Supermacht aufrechterhalten sollen (als Alternative wurde nach der Bereitschaft gefragt, zu akzeptieren, dass ein anderer Staat genauso mächtig wird wie die USA; 35% würden dies hinnehmen wollen). Trotz der Irak-Erfahrung ist aus Sicht der Öffentlichkeit die Logik des Präventivkrieges nicht obsolet geworden: Eine knappe Mehrheit hält den Einsatz der Streitkräfte gegen Staaten, die die USA ernsthaft bedrohen, aber noch nicht angegriffen haben, für gerechtfertigt. The Pew Research Center For The People&The Press, America's Place In The World 2005: Opinion Leaders Turn Cautious, Public Looks Homeward, Washington, 17.11.2005; zugänglich über <http://www.people-press.org>.

64 Gestiegen war jedoch die Bereitschaft, den Einsatz amerikanischer Bodentruppen zu billigen. Vgl. Shoon Kathleen *Murray*/Christopher *Spinosa,* The Post-9/11 Shift in Public Opinion: How Long Will It Last?, in: Eugene R. *Wittkopf*/James M. *McCormick* (Hrsg.), The Domestic Sources of American Foreign Policy: Insights and Evidence, Lanham, 4. Aufl. 2004, S. 97-115, hier S. 100-105.

65 Zur Struktur des außenpolitischen Diskursen und den Grundorientierungen vgl. *Rudolf,* New Grand Strategy? Zur Entwicklung des außenpolitischen Diskurses in den USA, in Monika *Medick-Krakau* (Hrsg.), Außenpolitischer Wandel in theoretischer und vergleichender Perspektive: Die USA und die Bundesrepublik Deutschland, Baden-Baden 1999, S. 61-95; ders., Weltmacht USA: Sicherheitspolitische Konzeptionen und Kontroversen, in: Mir A. *Ferdowsi* (Hrsg.), Internationale Politik im 21. Jahrhundert, München 2002, S. 147-162.

66 Propagiert wird eine solche Politik vor allem von zwei den Demokraten nahe stehenden »think tanks«, dem Progressive Policy Institute und dem Center for American Progress, vgl. etwa Ronald

lateral agierenden Gleichgewichtsmacht - die Bezeichnung »isolationistisch« hierfür verwirrt - haben zwar schon seit Ende des Kalten Krieges einen alternativen Rahmen für eine weniger ambitionierte Außenpolitik angeboten.[67] Doch sie sind mit ihren Vorstellungen am Rande der Debatte angesiedelt; in den Meinungsspalten der großen Elitenzeitungen und Politikjournale finden die Diskussionen innerhalb des breiten hegemonialen Paradigmas statt. Zwei prominente Beiträge zu dieser Debatte, eines aus der Feder eines (geläuterten) Neokonservativen wie Francis *Fukuyama,* eines aus der eines eher traditionellen moderaten Republikanischen Internationalisten wie Richard *Haass* zeugen sehr klar von dieser Suche nach (neuen) Formen der kooperativ-institutionellen Bewahrung der internationalen Führungsrolle der USA.[68] In der gegenwärtigen außenpolitischen Selbstverständnisdebatte geht es nicht um die Aufgabe der hegemonialen Rolle nach einer Phase imperialer Zuspitzung, sondern im Kern darum, wie sich die amerikanische Führungsrolle dauerhaft im Sinne liberaler Hegemonie institutionell absichern und politisch legitimieren lässt.

Asmus et al., Progressive Internationalism: A Democratic National Security Strategy, <http://www.ppionline.org/specials/security_strategy>.

67 Vertreten wird diese Orientierung vor allem vom libertären Cato-Institute und in den Spalten der Zeitschrift The American Conservative.

68 Vgl. Francis *Fukuyama,* America at the Crossroads: Democracy, Power, and the Neoconservative Legacy, New Haven/London 2006; Richard N. *Haass,* The Opportunity: America's Moment to Alter History's Course, New York 2005.

Political Tutelage

Eine Alternative zu imperialer Politik aus dem ideengeschichtlichen Steinbruch?

Markus Lang

> *»Whether one views the war in Iraq as a noble effort in democratization or a brutal exercise in imperialism, there can be little doubt that it has proved the proverbial 'bridge too far' for those who planned and [...] supported it.«*[1]

Viele Intellektuelle, die anfangs den gewaltsamen Regimewechsel im Irak unterstützt hatten, so der Kolumnist der liberalen Zeitschrift *The Atlantic Monthly* Robert *Kaplan* in einem Artikel für die *New York Times,* befinden sich heute auf sehr dünnem Eis. Diese dramatische Erosion der Unterstützung führt *Kaplan* in erster Linie darauf zurück, dass ungeeignete historische Parallelen, die zur Rechtfertigung der Politik der Bush-Administration herangezogen worden waren, unrealistische Erwartungen hervorgerufen hätten. Die erfolgreiche Transformation der MOE-Staaten von sowjetischen Satelliten in gut funktionierende Demokratien nach westlichem Vorbild hätte erwarten lassen, dass auch Staaten auf dem Gebiet des ehemaligen Osmanischen Reiches eine ähnliche Entwicklung müssten nehmen können. Hatte diese Erwartung schon in den politisch und kulturell fortschrittlichsten nordwestlichen Teilen (Rumänien, Bulgarien, Jugoslawien) eine harte Bewährungsprobe zu bestehen, so sei sie »in the most anarchic and tribalistic region of the sultanate«[2] an der Realität gescheitert. Damit müsste jedoch auch die versuchte Demokratisierung des Irak als gescheitert gelten; von der Politik der Bush-Administration - auch wenn sie einmal ernsthaft als Demokratisierungspolitik gedacht war - bliebe letztlich nur der nackte und brutale Imperialismus übrig. *Kaplans* Diagnose geht davon aus, dass eine erfolgreiche Transformation des Irak - wenn schon nicht zu einer westlichen Demokratie, dann immerhin zu einem stabilen, friedlichen und leidlich rechtsstaatlichen System - auf absehbare Zeit nicht zu erwarten ist. Darüber hinaus behauptet er, dass der Versuch (im Nachhinein betrachtet) von vorn herein zum Scheitern verurteilt war.[3]

Das moralische Dilemma dieser Intellektuellen besteht darin, dass die amerikanische Politik ein Ziel verfolgt, das sie unterstützen - die Verbreitung von Rechtsstaatlichkeit und Demokratie -, dafür aber eigenmächtig Mittel einsetzt, die sie ablehnen - militärische Gewalt und Zerstörung; dadurch setzt sich die amerikanische Politik dem Impe-

1 Vgl. Robert D. *Kaplan,* Barren Ground for Democracy, in: *The New York Times,* 14.11.2004.

2 Ebenda.

3 Seine Forderung nach Mäßigung in der Außenpolitik, nach »humility in the face of long-standing historical and cultural forces« muss zwar dem durchschnittlichen Europäer im Vergleich zur aggressiven und häufig überheblichen Rhetorik der unbegrenzten Machbarkeiten eines Donald *Rumsfeld* oder Paul *Wolfowitz* sehr vernünftig erscheinen. In seiner Begründung macht es sich *Kaplan* allerdings sehr einfach.

rialismusvorwurf aus. Die Diskussion zwischen den Befürwortern und Gegnern einer solchen militärischen Demokratisierungspolitik, die für *Kaplan* bereits entschieden zu sein scheint, greift dabei nicht nur auf vermeintliche Präzedenzfällen aus der Zeit seit dem Zusammenbruch der Sowjetunion zurück; vielfach werden die Bezugspunkte auch im Wiederaufbau Deutschlands und Japans nach dem Zweiten Weltkrieg gesucht. Demokratisierung eines besiegten Kriegsgegners ist möglich, so die einen; der Irak besitzt nicht die soziokulturellen Voraussetzungen, die für den erfolgreichen Aufbau der Demokratie in Deutschland notwendig waren, so die anderen.

Historische Parallelen lassen sich jedoch auch hier als Argumentationshilfen für gegensätzliche politische Positionen heranziehen. Es ist immer schwierig, sogenannte »Lehren« aus der Geschichte zu ziehen. Die Geschichte ist kein Lehrmeister, sie ist ein Erfahrungsschatz. Lehrreich sind häufig nicht so sehr die tatsächlich eingeschlagenen Pfade, die ohnehin kein zweites Mal genau so beschritten werden können, sondern die nicht verwirklichten Alternativen, die als intellektuelle Entwürfe auf dem Tisch lagen, aber aus unterschiedlichen Gründen nie zu handlungsleitenden Maximen der Regierungen geworden sind. Solche Entwürfe aufzuspüren (einschließlich der Gründe, weshalb sie nie verwirklicht worden sind) und für die aktuellen Diskurse zu erschließen, ist eine der wichtigsten Funktionen der politischen Ideengeschichte.

Im Umfeld des Neuaufbaus Deutschlands nach dem Zweiten Weltkrieg gibt es in der Tat einige Entwürfe und Vorschläge, deren Aufarbeitung potenziell die aktuellen Diskussionen um den Irak-Krieg und die neue amerikanische Außenpolitik bereichern könnte. Ein solcher Vorschlag stammt von dem deutschen Juristen und Politikwissenschaftler Karl *Loewenstein*. In seinem Buch »Political Reconstruction« entwickelt er ein Konzept der »political tutelage«, der politischen Vormundschaft, mittels der die nationale Souveränität der zerstörten Staaten mittelfristig beschnitten wird. *Loewenstein* erarbeitet eine detaillierte Kombination aus unmittelbaren internationalen Kontrollen, institutionellen Arrangements und pädagogischen Maßnahmen, die demokratische Institutionen und eine dazu passende politischen Kultur hervorbringen sollten. Sein Modell gibt Hinweise, unter welchen internationalen, institutionellen und kulturellen Rahmenbedingungen eine nichtimperiale und nichtmilitärische Demokratisierungspolitik funktionieren könnte. Dieses Modell soll im folgenden dargestellt werden.

»Political Tutelage« im Kontext

Karl *Loewenstein* (9.11.1891-10.7.1973) wuchs in einer jüdischen Familie ohne religiöse Bindungen auf.[4] Er studierte Rechtswissenschaft in München, Paris, Berlin

---

4 Vgl. zum Folgenden ausführlicher die demnächst erscheinende Dissertation des Verfassers, Markus *Lang*, Die politische Theorie Karl Loewensteins. Eine biographische Fallstudie zur Entwicklung des politischen Denkens und der Politikwissenschaft im 20. Jahrhundert, Diss. TU Chemnitz 2005.

und Heidelberg und wurde vor allem von Max *Weber* beeinflusst. Während des Ersten Weltkriegs promovierte er über Volk und Parlament nach der Staatsauffassung der französischen Nationalversammlung von 1789[5] und arbeitete anschließend als Rechtsanwalt. 1931 habilitierte er sich über Erscheinungsformen der Verfassungsänderung.[6] Mit der Machtergreifung der Nationalsozialisten verlor er seine Position als Privatdozent in München und wurde zur Emigration in die USA gezwungen. Dort lehrte er »political science« zunächst an der Yale University, von 1936 bis 1961 am Amherst College.

Als Weber-Schüler gilt für *Loewenstein,* dass Sozialwissenschaft zugleich historisch fundiert und vergleichend angelegt sein muss. Die streng wissenschaftliche Methode verbindet sich mit einem genuinen Interesse und vehementen Einsatz für Demokratie und Rechtsstaatlichkeit. In seiner Doktorarbeit untersucht er die Debatten der Französischen Nationalversammlung von 1789 auf deren Konzeptionen unmittelbarer und repräsentativer Demokratie und analysiert, wie diese ihre historische Wirkung entfalten konnten. In den 1920er Jahren kommentiert er Verfassungsentwicklungen in Großbritannien und verfasst Analysen der Unterhauswahlen, um seinen deutschen Lesern nahe zu bringen, wie Parlamentarismus in den alten Demokratien Europas praktisch funktioniert.[7] Statt von abstrakten Begriffsbestimmungen - wie etwa Carl *Schmitt*[8] - geht *Loewenstein* von konkret beobachtbaren Handlungen und Ereignissen aus. Er nimmt damit politikwissenschaftliche Methoden in einer Zeit vorweg, als es Politikwissenschaft in Deutschland noch nicht (wieder) gab.[9]

Nach der erzwungenen Emigration in die USA unternimmt *Loewenstein* vergleichende Analysen der europäischen Regierungssysteme, vor allem des Nationalsozialismus.[10] Er charakterisiert das nationalsozialistische Regime als Negation des Rechtsstaats und

---

5 Vgl. Karl *Loewenstein,* Volk und Parlament nach der Staatsauffassung der französischen Nationalversammlung von 1789. Studien zur Dogmengeschichte der unmittelbaren Volksgesetzgebung, München 1922.

6 Vgl. *Loewenstein,* Erscheinungsformen der Verfassungsänderung. Verfassungsrechtsdogmatische Untersuchungen zu Artikel 76 der Reichsverfassung, Neudruck der Ausgabe Tübingen 1931, Aalen 1968.

7 Vgl. *Loewenstein,* Das Problem des Föderalismus in Großbritannien, in: Annalen des Deutschen Reichs, Nr. 55/1922, S. 1-95; ders., Die britischen Parlamentswahlen im November 1922, München 1923; ders., Minderheitsregierung in Großbritannien, München 1925; ders., Das heutige Verfassungsrecht des britischen Weltreichs, in: *Jahrbuch des öffentlichen Rechts,* Nr. 8/1925, S. 404-497; ders., Die „Magna Charta» des britischen Weltreichs, in: *Archiv des öffentlichen Rechts,* Nr. 12/1927, S. 255-272; ders., Verfassungsleben in Großbritannien 1924-1932«, in: *Jahrbuch des öffentlichen Rechts,* Nr. 10/1932, S. 195-319.

8 Vgl. Carl *Schmitt,* Die geistesgeschichtliche Lage des heutigen Parlamentarismus, 7. Aufl., unveränd. Nachdr. d. 1926 erschienenen 2. Aufl., Berlin 1991.

9 Vgl. Wilhelm *Bleek,* Geschichte der Politikwissenschaft in Deutschland, München 2001.

10 Vgl. *Loewenstein,* Autocracy Versus Democracy in Contemporary Europe, in: *The American Political Science Review,* Nr. 29/1935, S. 571-593 und 755-784; ders., Law in the Third Reich, in: *Yale Law Journal,* Nr. 45/1936, S. 779-815; ders., Monarchy Gains Lost Ground in Europe, in: *Social*

als eine straff durchorganisierte Machtpyramide. Sein Buch über »Hitler's Germany«[11] wird viermal aufgelegt. Daneben verfasst er – auf dem Konzept der streitbaren Demokratie aufgebaute – vergleichende Untersuchungen zur Gefährdung der westlichen Demokratien durch totalitäre Bewegungen.[12] *Loewenstein* entwickelt eine ethisch-politische Begründung und eine praktisch-politische Anleitung (inklusive Modellgesetzgebung) für wirkungsvolle Maßnahmen gegen diese Bedrohung. Solche Maßnahmen sind für ihn nur dann zulässig, wenn sie effektiv zur Stabilisierung demokratischer Regime beitragen und nicht übermäßig in demokratische Freiheitsrechte eingreifen. Nach Kriegsende zeigt sich in seinen Vorstellungen für die »Political Reconstruction« Deutschlands:[13] Juristische Verbote gehören nicht zum legitimen Repertoire der streitbaren Demokratie, da sie zu sehr das gefährden, was sie zu schützen vorgeben, und gleichzeitig in letzter Konsequenz eine erneute faschistische Machtergreifung nicht verhindern können. Legitim und langfristig wirkungsvoll sind dagegen politische Bildung und die Etablierung einer partizipativen politischen Kultur. Die Begründung für diese These wird im folgenden Kapitel ausführlicher dargestellt werden.

Eine theoretische Zusammenfassung der Ergebnisse von vier Jahrzehnten vergleichender Forschung findet sich dann in *Loewensteins* Hauptwerk »Political Power and the Governmental Process«, auf deutsch unter dem Titel »Verfassungslehre« erschienen.[14] Kernstück ist eine Typologie der Regierungsformen nach der Zahl der Machtträger. In autokratischen Systemen existiert ein einzelner Machtträger (Person, Gruppe, Partei), der die Macht unkontrolliert und monopolistisch ausübt; in konstitutionellen Systemen kontrollieren sich mehrere unabhängige Machtträger gegenseitig. Durch eine Analyse der horizontalen Interorgan- (Veto, Misstrauensvotum, »judicial review«) und Intraorgankontrollen (Kollegialitätsprinzip, Zweikammersysteme) sowie der vertikalen Kontrollen (Föderalismus, Pluralismus, Bürgerrechte) lassen sich die Ausprägungen

---

Science, Nr. 9/1936, S. 201-215; ders., Dictatorship and the German Constitution: 1933-1937, in: *Chicago Law Review,* Nr. 4/1937, S. 537-574; ders., Occupational Representation and the Idea of an Economic Parliament, in: *Social Science,* Nr. 12/1937, S. 420-432; ders., The Balance between Legislative and Executive Power. A Study in Comparative Constitutional Law, in: *Chicago Law Review,* Nr. 5/1938, S. 566-608; ders., The Demise of the French Constitution of 1875, in: *The American Political Science Review,* Nr. 34/1940, S. 867-895.

11 Vgl. *Loewenstein,* Hitler's Germany. The Nazi Background to War, New York 1939.

12 Vgl. *Loewenstein,* Militant Democracy and Fundamental Rights, in: *The American Political Science Review,* Nr. 31/1937, S. 417-432 and 638-658; ders., Legislative Control of Political Extremism in European Democracies, in: *Columbia Law Review,* Nr. 38/1938, S. 591-622 und 725-774; ders., El problema del contralor legislativo del extremismo político y la legislación uruguaya, in: *La Revista de Derecho, Jurisprudencia y Administracion,* Montevideo, Nr. 39/1942, S. 225-230; ders., Legislation against Subversive Activities in Argentina, in: *Harvard Law Review,* Nr. 56/1943, S. 1261-1306; ders., Legislation for the Defense of the State in Chile, in: *Columbia Law Review,* Nr. 44/1944, S. 366-407; Consultative Emergency Committee for Political Defense (Hrsg.), Legislación para la Defensa Política en las Repúblicas Americanas, Montevideo 1947.

13 Vgl. *Loewenstein,* Political Reconstruction, New York 1946.

14 Vgl. *Loewenstein,* Political Power and the Governmental Process, Chicago 1957; ders., Verfassungslehre, Tübingen 1959.

konstitutioneller Systeme beschreiben. Die empirische Bestandsaufnahme in typologisierender Absicht ist normativ aufgeladen. Die individuelle Freiheit des Bürgers als Subjekt staatlichen Handelns ist das Maß, an dem der demokratische Verfassungsstaat gemessen wird. Freiheit muss durch die Effektivität der Kontrollmechanismen und die Verantwortlichkeit der Regierenden gewährleistet werden.

Zur theoretischen Erfassung politischer Erscheinungen muss jedoch in *Loewensteins* Augen der praktische Einsatz für deren Verbesserung hinzutreten. Wichtigster Ansatzpunkt für die Absicherung der politischen Kultur des demokratischen Verfassungsstaats ist politische Bildung als kritische Aufklärung in demokratischer Absicht. In diesen Kontext gehören sowohl *Loewensteins* Kommentare zur Regierung Konrad *Adenauer*[15] als auch sein Engagement für die Einrichtung eines eigenständigen Fachs Politikwissenschaft[16] und vielfältige Darstellungen von Regierungssystem und Verfassungsstruktur der USA,[17] mit denen er dieser jungen Wissenschaft eine funktionierende Demokratie vorführen will. Vor allem in der vergleichenden Regierungslehre sieht er die Möglichkeit, mittels interkultureller und internationaler Lernprozesse zu einer besseren Theorie und Praxis des demokratischen Verfassungsstaats zu gelangen.

Loewenstein hatte ein langes und produktives Wissenschaftlerleben geführt; trotz der durch die Emigration verschuldeten biographischen Brüche ist er seinen eigenen methodisch-theoretischen Grundannahmen und politischen Positionen zeit seines Lebens weitgehend treu geblieben. Seine Wirkung als Wissenschaftler muss jedoch differenziert eingeschätzt werden.[18] Umso fruchtbarer erscheint es, gerade eines sei-

---

15 Vgl. *Loewenstein,* The Bonn Constitution and the European Defense Community Treaties. A Study in Judicial Frustration, in: *Yale Law Journal,* Nr. 64/1955, S. 236-242; ders., The German Republic at Bonn, in: *Current History,* Nr. 28/1955, S. 236-242.

16 Vgl. *Loewenstein,* Politische Erziehung in den Vereinigten Staaten, in: Politische Erziehung und Bildung in Deutschland. Ein Bericht über die Konferenz von Waldleiningen 1949, Frankfurt am Main 1949, S. 37-48; ; ders., Über den Stand der politischen Wissenschaften in den Vereinigten Staaten«, in: Zeitschrift für die gesamte Staatswissenschaft, Nr. 106/1950, S. 349-361.

17 Vgl. *Loewenstein,* Vom Wesen der amerikanischen Verfassung, Frankfurt am Main 1950; Karl Loewenstein, Staatspolitik und Verfassungsrecht in den Vereinigten Staaten 1933 bis 1954, in: *Jahrbuch des öffentlichen Rechts,* Nr. 4/1955, S. 1-152; ders., Verfassungsrecht und Verfassungspraxis der Vereinigten Staaten, Berlin 1959; ders., Die Krise des amerikanischen Rundfunk- und Fernsehwesens, in: *Archiv des öffentlichen Rechts,* Nr. 85/1961, S. 404-459; ders., Baker v. Carr: Policy Decision und der Supreme Court, in: Gerhard A. *Ritter/*Gilbert *Ziebura* (Hrsg.), Faktoren der politischen Entscheidung. Festgabe für Ernst Fraenkel, Berlin 1963, S. 237-272; ders., Staatspolitik und Verfassungsrecht in den Vereinigten Staaten 1955-1964, in: *Jahrbuch des öffentlichen Rechts,* Nr. 13/1964, S. 1-116; ders., Ketzerische Betrachtungen über die amerikanische Verfassung, in: Peter *Saladin* (Hrsg.), Der Staat als Aufgabe. Gedenkschrift für Max Imboden, Basel 1972, S. 233-254. Vgl. dazu auch ausführlich Markus *Lang,* Politikwissenschaft als »amerikanisierte« Staatswissenschaft. Zur politischen Intention der Amerikastudien von Karl Loewenstein, in: Michael *Dreyer/*Markus *Kaim/*Markus *Lang* (Hrsg.), Amerikaforschung in Deutschland. Themen und Institutionen der Politikwissenschaft nach 1945, Stuttgart 2004, S. 137-160.

18 Seine Arbeiten in der Weimarer Republik zur britischen Politik brachten ihm kaum Aufmerksamkeit unter deutschen Juristen. Die Habilitation erschien zu spät, um unmittelbare Wirkung

ner weniger bekannten Bücher, »Political Reconstruction«, herauszugreifen und es mit heutigen Augen zu betrachten. Auf viele Fragen, die er in diesem Buch aufwirft, kann er keine befriedigenden Antworten geben, da diese damals erst noch wissenschaftlich untersucht und getestet werden mussten.[19] Alles dreht sich aber um das zentrale Problem, wie Demokratie in einem besiegten und vom Krieg zerstörten Land stabil aufgebaut werden kann. Dazu entwickelt er das Konzept der »political tutelage«, mit dem Staaten im demokratischen Neuaufbau unterstützt und gegenüber autoritären Versuchungen geschützt werden sollen. Dieses Konzept soll nachfolgend genauer dargestellt und im Anschluss daran auf seinen Nutzen für die heutige Diskussion untersucht werden.

»Political Tutelage« als Konzept

Loewenstein hatte sich Anfang der 1940er Jahren für den Kriegseintritt der USA gegen die Achsenmächte eingesetzt.[20] So lange diese Bedrohung in seinen Augen akut war, hatte er seine Forschung in den Dienst der Demokratien gestellt, um die weltweite Ausbreitung des Faschismus stoppen zu helfen. Als sich dann ab 1943 mit der deutschen Niederlage in Stalingrad (Februar), der Kapitulation deutscher und italienischer Truppen in Nordwestafrika und dem Zusammenbruch des deutschen U-Boot-Kriegs im Atlantik (Mai) zunehmend militärische Erfolge auf Seiten der Alliierten einstellten und es nur noch eine Frage der Zeit bis zur endgültigen Niederlage der deutschen Armee zu sein schien, wandte sich *Loewenstein* in einem Buch zur politischen Neuordnung Deutschlands und Europas einer neuen Aufgabe zu: Wie können die Vereinten Nationen den Frieden gewinnen, nachdem sie den Krieg gewonnen haben?[21]

---

entfalten zu können. In den USA wirkte seine historisch-juristische Herangehensweise zunehmend deplaziert in einer Wissenschaftslandschaft, die in der vergleichenden Regierungslehre quantitative Methoden als Zeichen wissenschaftlicher Qualität verlangte. Die Verfassungslehre wurde in Deutschland wahrgenommen, ohne dass sich daran eine Diskussion angeschlossen hätte. Dennoch: viele der von ihm verbreiteten Begriffe gehören heute zum Standardvokabular der Vergleichenden Regierungslehre, und seine Konzeption der Politikwissenschaft hat lange Zeit das Selbstverständnis der Disziplin geprägt.

19 Einige dieser Fragen geht *Loewenstein* in seinem weiteren Schaffen selbst an, darunter die Frage der völkerrechtlichen Normierung eines Nichteinmischungsprinzips, das offen ist für die political tutelage (*Loewenstein,* An International Bill of Human Rights, in: *Current History,* Nr. 9/1945, S. 273-283); die Leistungsfähigkeit und Leistung einer Militäradministration für den demokratischen Wiederaufbau Deutschlands (ders., Political Reconstruction in Germany, Zonal and Interzonal, in: James K. *Pollock* (Hrsg.), Change and Crisis in European Government, New York 1947, S. 29-44; *Loewenstein,* Law and the Legislative Process in Occupied Germany, in: *Yale Law Journal,* Nr. 57/1948, S. 724-760 und 994-1022; ders., Reconstruction of the Administration of Justice in American-Occupied Germany, in: *Harvard Law Review,* Nr. 61/1948, S. 419-467); schließlich - und das ist sein bleibender Verdienst - den Aufbau einer demokratischen Politikwissenschaft in Deutschland (vgl. dazu Arno *Mohr,* Politikwissenschaft als Alternative. Stationen einer Disziplin auf dem Weg zu ihrer Selbständigkeit in der Bundesrepublik Deutschland 1945-1965, Bochum 1988, S. 97 ff.; *Bleek,* op.cit. (Anm. 9), S. 266 ff.).

20 Vgl. *Loewenstein*/Lawrence B. *Packard,* America's Eleventh Hour, Easthampton 1940.

21 Vgl. *Loewenstein,* Political Reconstruction. Zum folgenden auch ausführlicher Markus *Lang,*

Gewidmet ist das Buch dem Vorsitzenden Richter am Supreme Court, Harlan F. *Stone.*[22] Im Kern geht es *Loewenstein* darum, Prinzipien für den Aufbau einer friedlichen und dauerhaften Weltordnung zu entwickeln. Er trifft dazu eine Unterscheidung zwischen den Regierungsformen »autocracy« und »political democracy.« Das Nachkriegssystem - so seine These - muss derart gestaltet werden, dass die Autokratie keine Chance mehr hat, sich auszubreiten. Dazu sei es vor allen Dingen notwendig, das Recht auf nationale Selbstbestimmung[23] sinnvoll zu interpretieren und die Prinzipien der souveränen Gleichheit der Staaten[24] sowie der Nichteinmischung in innere Angelegenheiten[25] radikal einzuschränken, wenn nicht sogar abzuschaffen, da die Regierungsform eines Staates gerade keine rein innere Angelegenheit sei. *Loewenstein,* so könnte man in einer ersten Annäherung sagen, plädiert für einen missionarischen Liberalismus, für eine Politik des Demokratieexports.

Die Regierungsform ist nach *Loewenstein* folgendermaßen definiert:

> *»Form of government is the manner in which political power is created for, and exercised by, those holding it. [...] A more legal twist can be given to the definition by saying that the*

Menschenrecht auf Demokratie. Artikel 21 der Allgemeinen Erklärung als Bestandsgarantie des demokratischen Verfassungsstaats, in: *Vereinte Nationen,* Nr. 46/1998, S. 195-199.

22 *Stone* war Richter am Supreme Court seit 1925 und wurde 1941 von Franklin D. *Roosevelt* zum Chief Justice ernannt, eine Funktion, die er bis zu seinem Tod am 22. April 1946 inne hatte. Zu *Stones* Biographie vgl. Alpheus T. *Mason,* Harlan Fiske Stone. Pillar of the Law, New York 1956; zu seiner Rolle am Supreme Court vgl. Melvin I. *Urofsky,* Division and Discord. The Supreme Court Under Stone and Vinson, 1941-1953, Columbia 1997.

23 Das Recht auf nationale Selbstbestimmung wurde international fast gleichzeitig mit *Loewensteins* Buch in Art. 1 Abs. 2 UN-Charta festgeschrieben.

24 Vgl. auch Bardo *Fassbender,* Die souveräne Gleichheit aller Staaten - ein angefochtenes Grundprinzip des Völkerrechts, in: *Aus Politik und Zeitgeschichte,* Nr. B43/2004, S. 7-13.

25 Das Prinzip der Nichteinmischung in innere Angelegenheiten findet sich in der Charta der Vereinten Nationen im »Grundsatz der souveränen Gleichheit aller ihrer Mitglieder« (Art. 2 Abs. 1 UN-Charta), im Verbot von Aktionen »gegen die territoriale Unversehrtheit oder die politische Unabhängigkeit eines Staates« (Art. 2 Abs. 4 UN-Charta); vor allem aber in folgender Formulierung: »Aus dieser Charta kann eine Befugnis der Vereinten Nationen zum Eingreifen in Angelegenheiten, die ihrem Wesen nach zur inneren Zuständigkeit eines Staates gehören, oder eine Verpflichtung der Mitglieder, solche Angelegenheiten einer Regelung auf Grund dieser Charta zu unterwerfen, nicht abgeleitet werden« (Art. 2 Abs. 7 UN-Charta). Allerdings gibt es auch Öffnungsklauseln, wie der Verweis auf die »friedliebenden Staaten« (Art. 4 Abs. 1 UN-Charta) und vor allem die Möglichkeit in Kap. VII, dass der Sicherheitsrat Zwangsmaßnahmen gegen ein Mitglied der Vereinten Nationen beschließen kann. Zur Geschichte dieses Prinzips als internes Selbstbestimmungsrecht der Völker vgl. Karl *Doehring,* Das Selbstbestimmungsrecht der Völker, in: Bruno *Simma* (Hrsg.), Charta der Vereinten Nationen. Kommentar, München 1991, S. 15-32, Rdn. 5 ff. Einen Überblick über die Entwicklung des Dogmas gibt auch *Loewenstein,* Political Reconstruction, S. 14 ff. *Loewenstein* nimmt bereits viel von dem vorweg, was gegenwärtig meist unter der etwas irreführenden Überschrift der »humanitären Intervention« diskutiert wird. Vgl. zu dieser Debatte beispielhaft Gustav *Gustenau* (Hrsg.), Humanitäre militärische Intervention zwischen Legalität und Legitimität. Tagungsband des Instituts für Internationale Friedenssicherung, Baden-Baden 2000; Burkhard *Schöbener,* Schutz der Menschenrechte mit militärischer Gewalt. Die humanitäre Intervention

form of government is circumscribed not by who represents the will of the state but how - that is, by what procedures and techniques - the will of the state is formed.«[26]

Mit dieser Definition kommt *Loewenstein* zur Unterscheidung von »political democracy« und »autocracy«:

»Political democracy, then, is the form of government whose legitimation is the democratically manifested consent of the people. The government obtains office through consent of the people and is accountable to them for its conduct of office by democratic techniques. The principle of the political democracy is the rule of law. Political democracy is nothing else than Lincoln's immortal 'government of the people, by the people, for the people'. [...] Autocracy is the form of government whose legitimation is constraint, without democratically manifested consent of the people; and, even if the government has come to power through consent of the people, it is not accountable to them for its conduct of office by democratic techniques. The principle of autocracy is arbitrariness.«[27]

Loewensteins hauptsächliches Unterscheidungskriterium zwischen den beiden Regierungsformen »political democracy« und »autocracy« ist die beständige Kontrolle der Regierung durch das Volk aufgrund der Verantwortlichkeit der Regierung gegenüber dem Volk, bzw. die Abwesenheit solcher Kontrollen. Kontrolle verhindert die willkürliche Ausübung der Regierungsgewalt und sichert dadurch Rechtsstaatlichkeit; Abwesenheit von Kontrollen führt zu willkürlicher Regierung, was das Ende des Rechtsstaats bedeuten würde. Weitere wesentliche Merkmale, oder »nuclear demands«[28] der »political democracy« sind: eine geschriebene Verfassung; ein gleiches, direktes, geheimes und allgemeines Wahlrecht; ein gewähltes und repräsentatives Parlament zur Kontrolle der Regierung; Rechenschaftspflicht der Regierung; die Existenz mehrerer politischer Parteien; die Verbriefung politischer Freiheits- und Teilhaberechte, allen voran das Recht »to participate in the government of one's state«;[29] und

zwischen Völkerrecht und internationaler Politik, in: *Zeitschrift für Politik,* Nr. 47/2000, S. 293-317; ders. Die humanitäre Intervention im Konstitutionalisierungsprozeß der Völkerrechtsordnung, in: *Kritische Justiz,* Nr. 33/2000, S. 557-579; Christian *Hillgruber,* Humanitäre Intervention, Großmachtpolitik und Völkerrecht, in: *Der Staat,* Nr. 40/2001, S. 165-191; Christoph *Henke,* Die humanitäre Intervention. Völker- und verfassungsrechtliche Probleme unter besonderer Berücksichtigung des Kosovo-Konfliktes, Münster 2002; Gerhard *Beestermöller* (Hrsg.), Die humanitäre Intervention - Imperativ der Menschenrechtsidee? Rechtsethische Reflexionen am Beispiel des Kosovo-Krieges, Stuttgart 2003. Mit besonderer Betonung der innenpolitischen Hintergründe für Interventionen vgl. Thomas M. *Franck,* The Emerging Right to Democratic Government, in: *American Journal of International Law,* Nr. 86/1992, S. 46-91.

26 Vgl. *Loewenstein,* Political Reconstruction, S. 109. Damit hat Loewenstein bereits 1946 die Definition der Regierungsform entwickelt und vorgestellt, die er später in der Verfassungslehre verwenden wird. Allerdings sollte man beachten, das »Regierungsform« hier in dem Sinne verwendet wird, der später mit dem Begriff des »politischen Systems« belegt wird.

27 Vgl. op.cit., S. 109 f.

28 Vgl. op.cit., S. 119.

29 Vgl. op.cit., S. 126.

schließlich - aber eben auch ganz zuletzt - der Schutz der demokratischen Ordnung durch Methoden der streitbaren Demokratie.

Die Verbindung von Demokratie und Rechtsstaatlichkeit wird weiter ergänzt durch das Argument, dass beide Prinzipien integral mit Frieden verwoben sind:

> *»Since the establishment of an autocratic government by any member of the community of nations is conducive to international disorder and is a menace to peace, it is the duty of the international organization, whatever its future form, to concern itself with the form of government of its member states and to see to it that autocracy is not chosen.«*[30]

Im Vorwort der Studie formuliert er das Problem in seinem Umkehrschluss noch drastischer und plakativer:

> *»[T]he right of every nation to choose the form of government it pleases, now enshrined in the Atlantic Charter, is the safest way to World War III.«*[31]

Aber warum wird »autocracy« zu einem Problem, wo doch die Völker selbst bestimmen sollen, welche Regierungsform sie wünschen? *Loewenstein* gesteht durchaus zu, dass nach dem Krieg die »autocracy« eigentlich gründlich hätte diskreditiert sein sollen, befürchtet aber, dass die mittelfristige Entwicklung in Europa wieder die alten Verführer auf den Plan rufen könnte. Und genau an dieser Stelle setzt sein Argument ein: die internationale Gemeinschaft muss sich damit befassen, dass eine solche Entwicklung nicht wieder vorkommt.

> *»While, thus, no people ever has chosen autocracy, and while it is not likely that, after this war, any will use its right of internal self-determination to elect an autocratic regime, there is a serious danger that a people may surreptitiously slide into it, or be led into it. It is here that the right of collective intervention by the international security organization must be asserted. In the interest of world order and world peace, autocracy must be considered as a nonpermissible form of government. How it is to be prevented should have been one of the primary preoccupations of any international organization of the peace in the future. But this will be possible only after the doctrine of the 'untouchable' character of internal sovereignty has been thoroughly demolished.«*[32]

An dieser Stelle kommen also die Prinzipien der souveränen Gleichheit der Staaten und der Nichteinmischung in innere Angelegenheiten ins Spiel. Zwischen diesen Prinzipien und dem Konzept des »peace-loving state«, wie es in den Vorschlägen von Dumbarton Oaks erstmals erwähnt und in Art. 4 Abs. 1 der Charta der Vereinten Nationen übernommen wurde, besteht nach *Loewenstein* ein unüberbrückbarer Wider-

---

30 Vgl. ders., Political Reconstruction, S. 111 f.

31 Vgl. op.cit., S.viii.

32 Vgl. op.cit., S. 113.

spruch: Wenn das Ziel der Vereinten Nationen die Vermeidung künftiger Kriege sein soll und die Hauptursachen des Krieges in der Regierungsform der Staaten zu suchen sind, der Unterschied zwischen »peace-loving states« und deren Gegenteil, »aggressive states«, also mit der Unterscheidung zwischen konstitutionellen Demokratien und Autokratien zusammenfällt, so haben sich die Vereinten Nationen durch die souveräne Gleichheit selbst zur Machtlosigkeit im Kampf um den Frieden verdammt.[33] Der größte Feind im Kampf um eine friedliche Weltordnung ist also – neben der Autokratie – gerade das Prinzip der Nichteinmischung in innere Angelegenheiten; solange dieses die internationalen Beziehungen bestimmt, kann es keinen dauerhaften Frieden geben.

Als kurzfristige Handlungsanleitung, wie solche Eingriffe in die Souveränität eines Staates zur Absicherung einer demokratischen Regierungsform aussehen könnten, bietet er das Konzept der »political tutelage« an. Darunter versteht er die vorübergehende Beschneidung der politischen Unabhängigkeit einer Nation durch Akteure der internationalen Gemeinschaft, um die politischen und soziokulturellen Voraussetzungen für den Aufbau einer demokratischen Gesellschaft zu schaffen. Eine Formel, die in die Waffenstillstandsabkommen oder die noch zu schaffenden Friedensverträge aufgenommen werden sollte, könnte lauten:

> *»[T]he people and government of State X accept such political control over their internal affairs as the United Nations or their duly established agencies shall find advisable for political reconstruction.«*[34]

Loewenstein sieht einen internationalen Koordinationsrat vor, der allgemeine Richtlinien für die »political tutelage« entwickelt. Darunter schlägt er einen »Constitutional Commissioner« für jedes einzelne Land vor, der de facto die Regierung darstellt, so lange noch keine indigene Regierung gebildet wurde, und die politische Entwicklung hin zur Verfassunggebung und darüber hinaus in demokratischen Bahnen leiten soll. Dazu braucht er umfassende Kompetenzen:

> *»allowance or prohibition of political parties as they emerge in the political trend; restriction, or loosening of restriction, on the exercise of civil liberties by the people under tutelage,*

33 Entwicklungen im Völkerrecht seit 1990, insbesondere die neuere Praxis des Sicherheitsrats der Vereinten Nationen haben dieser Diagnose der Machtlosigkeit allerdings entgegengewirkt. Vgl. dazu Klaus *Dicke,* National Interest vs. The Interest of the International Community. A Critical Review of Recent UN Security Council Practice, in: Jost *Delbrück* (Hrsg.), New Trends in International Lawmaking. International »Legislation« in the Public Interest, Berlin 1997, S. 145–169, S. 151 ff.; die »dynamic interpretation« eines »threat to peace« durch den Sicherheitsrat habe dazu geführt, dass mittlerweile auch humanitäre Interventionen im Falle grober Menschenrechtsverletzungen oder des Zusammenbruchs einer Regierung zulässig seien. Diese Entwicklung beruhe auf einem Verständnis von Frieden als der Verwirklichung von rechtlich geregelten internationalen Beziehungen. Zum Problemkomplex Nichteinmischung, Regierungsform, Demokratie und Intervention im Völkerrecht vgl. auch *Doehring,* Selbstbestimmungsrecht (Anm. 25), Rdn. 32 ff., 49 ff. und 62 ff.

34 *Loewenstein,* Political Reconstruction, S. 334.

particularly through press and radio, association and assembly; the use by the provisional government of its emergency powers; enactment of measures which, while adequate for the defense of the incipient democratic order, will not unduly oppress legitimate opposition to the provisional government or the elected national assembly; operation of the local courts in accordance with democratic principles; purge of the civil service and the administration; decontamination of the existing statutes.«[35]

Vor allem während der Verfassunggebung kommt dem »Constitutional Commissioner« eine zentrale Rolle zu. Er berät die verfassunggebende Versammlung, nimmt an allen Sitzungen teil, darf keinerlei Präferenzen hinsichtlich unterschiedlicher organisatorischer Ausprägungen der »political democracy« zeigen, muss aber alle vorgeschlagenen Verfassungsartikel verhindern, die einen Übergang zu autoritärer Herrschaft begünstigen. Beispielsweise:

»*he will object to a provision granting emergency powers to the government without adequate parliamentary and judicial controls, or to an electoral system conflicting with the requirements of universal and equal suffrage, or to arrangements permitting the reconstruction of parties swayed by the Führer principle.*«[36]

Durch Unparteilichkeit und Expertise soll er sich den Respekt verschaffen, der für seine »good services«[37] bei der Kompromissfindung oder der Auflösung von Pattsituationen notwendig ist. Nach der Fertigstellung einer demokratischen Verfassung darf die »tutelage« nicht aufhören, aber die direkte Kontrolle wird nach und nach durch eine Beobachterrolle ersetzt werden. »Such tutelage will in time become invisible and in the end will be abolished.«[38]

Loewensteins Vorstellungen zur Nachkriegsordnung beinhalten mit der »tutelage« oder Vormundschaft also zunächst eine Einschränkung der eigenständigen Handlungsfähigkeit einer Nation, die aber kein Selbstzweck sein darf. Die »tutelage« ist eine Beschneidung der Souveränität, um eine (gefahrlose) Wiederherstellung der Souveränität überhaupt erst möglich zu machen. *Loewensteins* Konzept sieht – in dieser Hinsicht ähnlich wie die Überlegungen von Carl J. *Friedrich*[39] – eine konstitutionelle Diktatur

---

35 Vgl. *Loewenstein,* Political Reconstruction, S. 342 f.

36 Vgl. op.cit., S. 344.

37 Vgl. op.cit., S. 344. Der Begriff der »good services« findet heute vor allem für die Moderationstätigkeit und die präventive Diplomatie des Generalsekretärs der UNO Verwendung. Vgl. Wilfried *Fiedler,* Das Sekretariat, in: Bruno *Simma* (Hrsg.), Charta der Vereinten Nationen. Kommentar, München 1991, S. 965-1005, Rdn. 16.

38 Vgl. *Loewenstein,* Political Reconstruction, S. 346.

39 Vgl. Carl J. *Friedrich,* The Problem of Democratization of Germany, in: ders. (Hrsg.), The Democratic Process. Lectures on the American Liberal Tradition, New London 1948, S. 17-31; ausführlicher zu dessen Konzeption des Besatzungsregimes als konstitutionelle Diktatur Hans J. *Lietzmann,* Politikwissenschaft im »Zeitalter der Diktaturen«. Die Entwicklung der Totalitarismustheorie Carl Joachim *Friedrichs,* Opladen 1999; Hans J. *Lietzmann,* Die Wiederkehr der Politikwissenschaft. Eine paradoxe Kontinuität in der Nachkriegszeit, in: Michael *Dreyer*/Markus *Kaim*/Markus *Lang*

vor, die das Ziel verfolgen soll, sich selbst überflüssig zu machen und den Aufbau einer demokratischen Gesellschaft zu bewerkstelligen.

> *»Political tutelage [...] is chiefly an instrument of gradualism in the restoration of internal self-determination.«*[40]

Explizit würdigt er den positiven Beitrag, den die amerikanische Militäradministration in Deutschland zu diesem Projekt leisten kann und - 1946 zum Zeitpunkt des Erscheinens - schon geleistet hatte.[41] Längerfristig muss diese jedoch durch eine pädagogische Strategie ergänzt und schließlich ersetzt werden, um die bevormundete Nation zum eigenständigen Handeln zu befähigen.[42] Der Übergang von der direkten Bevormundung zur indirekten Erziehung und Selbsterziehung soll zwar so schnell wie möglich vonstatten gehen, konkret ist *Loewenstein* aber skeptisch und fordert eine längere Übergangsfrist.[43]

Bei allen Versuchen, die »political tutelage« zu konkretisieren, muss *Loewenstein* in seinem Buch allerdings recht vage bleiben. Der wenig konkrete Charakter des Buches muss jedoch kein Mangel sein, sofern man »Political Reconstruction« nicht vorrangig als Handbuch für die amerikanische Politik gegenüber Deutschland und dem Prozess der internationalen Organisation liest. Es ist auch und vor allem eine Aufforderung an seine Fachkollegen und an sich selbst, sich für die dauerhafte Festigung der Demokratie in Europa einzusetzen. *Loewenstein* stellt die Forderung an die Politikwissenschaft auf, dass sie mit praxisnaher Forschung einen bildungspolitischen Auftrag zu leisten hätte:

> *»This situation offers a unique opportunity to the political scientists of the United Nations. Guidebooks should have been distributed [...] to the foreign peoples on how to behave in a democratic environment. What is needed is a Baedeker through the world of democracy. [...] We must bring the knowledge of political democracy to those who need it, and must have it ready for their use; and we are woefully unprepared for this task.«*[44]

Diese politische Bildung darf keine rein passive Strategie im Sinne einer Umerziehung der Deutschen zur Demokratie sein. Niemand kann eine andere Nation umerziehen.

(Hrsg.), Amerikaforschung in Deutschland. Themen und Institutionen der Politikwissenschaft nach 1945, Stuttgart 2004, S. 183-200.

40 Vgl. *Loewenstein,* Political Reconstruction, S. 349.

41 Vgl. näher Kap. III: 4.3.

42 Weiter abgesichert wird der Übergang zur Demokratie durch die internationale Festschreibung eines individuellen Menschenrechts auf Teilhabe an der demokratischen Selbstbestimmung, wie es schließlich in Art. 21 der Allgemeinen Erklärung der Menschenrechte von 1948 Eingang gefunden hat. Vgl. dazu *Loewenstein,* Freedom is Unsafe Without Self-Government, in: *The Annals of the American Academy of Political and Social Science,* Nr. 243/1946, S. 47-49. Ausführlicher dazu im nächsten Abschnitt.

43 Vgl. *Loewenstein,* Political Reconstruction, S. 307: »For a long time to come, public life in countries formerly totalitarian can have little in common with that in a liberal democracy.«

44 Vgl. *Loewenstein,* Political Reconstruction, S. 351.

Einzig und allein die Bevölkerung selbst kann sich »umerziehen«. *Loewenstein* muss also voraussetzen, dass die Nation unter »political tutelage« selbst und aktiv diese Verhaltensweisen und Einstellungen erlernen will. Dann und nur dann ist es sinnvoll, mit allen Mitteln diese Bemühungen zu unterstützen. »Political tutelage« ist keine Wundermedizin der Demokratisierung, aber sie kann die Krücken bereitstellen, mit denen die ersten Schritte in Richtung Demokratie erleichtert und unterstützt werden[45] - ein vergleichsweise bescheidener Anspruch, den sich die amerikanische Regierung im Winter 2003 vor dem Krieg gegen das Regime von *Saddam Hussein* im Irak hätte zu Herzen nehmen sollen.

Political Tutelage und Empire

Wie kann diese »idealistische Prognose« der politischen Entwicklung Deutschlands nach 1945 mit den Anforderungen einer Demokratisierungspolitik im Irak in Einklang gebracht werden? Folgt man *Czempiel,* dann wäre eine solche Diskussion zwecklos:

> *»Der Vergleich mit Hitler-Deutschland und dem kaiserlichen Japan ist völlig irreführend. Beide wurden in einem von ihnen angezettelten Krieg besiegt und dann im Gefolge ihrer Niederlage auch demokratisiert.«*[46]

Der Erfolg der Demokratisierung im Irak steht freilich noch aus, und man sollte der amerikanischen Regierung und ihren neokonservativen Vordenkern immerhin den »benefit of the doubt« geben, dass es ihnen jetzt mit der Demokratisierung des Irak und mittelfristig der ganzen arabischen Welt ernst gemeint ist.[47] Der große Unterschied zwischen den verschiedenen historischen Situationen, auf den *Czempiel* hinweist, ist daher der Unterschied zwischen einem »war of necessity« und einem »war of choice«, wodurch jeweils gänzlich andere Nachkriegssituationen geschaffen worden sind.[48]

Der wichtigste Hinweis von *Loewenstein* steckt daher in einem Zitat, das eben schon angeführt worden ist:

---

45 Vgl. ders., Political Reconstruction, S. 357 f.: »Democratization by compulsion - be it ever so benevolent - is futile unless made effective by the people's genuine cooperation. At best political tutelage is the crutch on which the people have to learn to walk.«

46 Vgl. Ernst-Otto *Czempiel,* Die stolpernde Weltmacht, in: *Aus Politik und Zeitgeschichte,* Nr. B46/2003, S. 7-15, S. 8.

47 Vgl. dazu Michael *Minkenberg,* Die Christliche Rechte und die amerikanische Politik von der ersten bis zur zweiten Bush-Administration, in: *Aus Politik und Zeitgeschichte,* Nr. B46/2003, S. 23-32; Alexandra Homolar-Riechmann, Pax Americana und gewaltsame Demokratisierung. Zu den politischen Vorstellungen neokonservativer Think Tanks, in: *Aus Politik und Zeitgeschichte,* Nr. B46/2003, S. 33-40.

48 Es kann nicht mit Sicherheit gesagt werden, ob *Loewenstein* im Februar 2003 die bevorstehende Invasion im Irak befürwortet oder verurteilt hätte. Eine generell pazifistische Einstellung darf man ihm zwar nicht unterstellen; immerhin hatte er 1940 ein militärisches Eingreifen der USA

> *»Political tutelage [...] is [...] an instrument of gradualism in the restoration of internal self-determination.«*[49]

»Political Reconstruction« - eine Demokratisierung von außen - funktioniert am besten als langsamer Reformprozess, nicht als gewaltsame Revolution oder als unprovozierte militärische Invasion.[50] Wie ein solcher Reformprozess heute angestoßen und vorangetrieben werden kann, ohne mit militärischer Gewalt alle Ansätze der Demokratisierung sofort wieder zunichte zu machen, wie dies gerade anscheinend im Irak der Fall ist, scheint jedoch noch eine weit offene Frage zu sein.

Literatur

Beestermöller, Gerhard (Hrsg.), Die humanitäre Intervention - Imperativ der Menschenrechtsidee? Rechtsethische Reflexionen am Beispiel des Kosovo-Krieges, Stuttgart 2003.

Bleek, Wilhelm, Geschichte der Politikwissenschaft in Deutschland, München 2001.

Consultative Emergency Committee for Political Defense (Hrsg.), Legislación para la Defensa Política en las Repúblicas Americanas, Montevideo 1947.

Czempiel, Ernst-Otto, Die stolpernde Weltmacht, in: Aus Politik und Zeitgeschichte Nr. B46/2003, S. 7-15.

Dicke, Klaus, National Interest vs. The Interest of the International Community. A Critical Review of Recent UN Security Council Practice, in: Jost *Delbrück* (Hrsg.), New Trends in International Lawmaking. International »Legislation« in the Public Interest, Berlin 1997, S. 145-169.

Doehring, Karl, Das Selbstbestimmungsrecht der Völker, in: Bruno *Simma* (Hrsg.), Charta der Vereinten Nationen. Kommentar, München 1991, S. 15-32.

Dos Passos, John, Das Land des Fragebogens. 1945: Reportagen aus dem besiegten Deutschland, Reinbek 1999.

Fassbender, Bardo, Die souveräne Gleichheit aller Staaten - ein angefochtenes Grundprinzip des Völkerrechts, in: *Aus Politik und Zeitgeschichte*. Nr. B43/2004, S. 7-13.

Fiedler, Wilfried, Das Sekretariat, in: Bruno *Simma* (Hrsg.), Charta der Vereinten Nationen. Kommentar, München 1991, S. 965-1005.

Franck, Thomas M., The Emerging Right to Democratic Government, in: *American Journal of International Law*, Nr. 86/1992, S. 46-91.

---

in Europa gefordert (*Loewenstein/Packard*, America's Eleventh Hour). Erst 1944 beschäftigt er sich mit dem Aufbau der Demokratie. Der Kampf gegen den Nationalsozialismus sollte vorher primär dem Schutz der anderen europäischen Demokratien dienen. *Loewenstein* scheint hier die Abfolge der Kriegsbegründungen - von der Existenz von Massenvernichtungswaffen und der Gefährdung des Weltfriedens zur Demokratisierung einer Diktatur - zu reflektieren. Allerdings behauptete *Loewenstein* nicht, die deutschen Armeen könnten möglicherweise andere Staaten bedrohen, sondern konnte auf eindeutigerweise von Deutschland ausgehende Kriegshandlungen verweisen; sein Wandel von einer defensiven (Bekämpfung einer Gefahr) zu einer konstruktiven Argumentation (Aufbau der Demokratie) war kein opportunistischer Meinungswandel, sondern eine Neusortierung der Prioritäten angesichts neuer Tatsachen.

49 *Loewenstein*, Political Reconstruction, S. 349.

50 Nebenbei, auch im »Erfolgsfall« Deutschland sind die amerikanischen »Befreier« nicht mit einem Blumenmeer empfangen worden; vgl. zu den amerikanischen Erfahrungen in der unmittelbaren Nachkriegszeit John *Dos Passos*, Das Land des Fragebogens. 1945: Reportagen aus dem besiegten Deutschland, Reinbek 1999; Saul K. *Padover*, Lügendetektor. Vernehmungen im besiegten Deutschland 1944/45, Frankfurt am Main 1999.

Friedrich, Carl J., The Problem of Democratization of Germany, in: ders. (Hrsg.), The Democratic Process. Lectures on the American Liberal Tradition, New London 1948, S. 17-31.

Gustenau, Gustav (Hrsg.), Humanitäre militärische Intervention zwischen Legalität und Legitimität. Tagungsband des Instituts für Internationale Friedenssicherung, Baden-Baden 2000.

Henke, Christoph, Die humanitäre Intervention. Völker- und verfassungsrechtliche Probleme unter besonderer Berücksichtigung des Kosovo-Konfliktes, Münster 2002.

Hillgruber, Christian, Humanitäre Intervention, Großmachtpolitik und Völkerrecht, in: *Der Staat,* Nr. 40/2001, S. 165-191.

Homolar-Riechmann, Alexandra, Pax Americana und gewaltsame Demokratisierung. Zu den politischen Vorstellungen neokonservativer Think Tanks, in: *Aus Politik und Zeitgeschichte,* Nr. B46/2003, S. 33-40.

Kaplan, Robert D., Barren Ground for Democracy, in: *The New York Times,* 14.11.2004.

Lang, Markus, Menschenrecht auf Demokratie. Artikel 21 der Allgemeinen Erklärung als Bestandsgarantie des demokratischen Verfassungsstaats, in: *Vereinte Nationen,* Nr. 46/1998, S. 195-199.

———, Politikwissenschaft als „amerikanisierte» Staatswissenschaft. Zur politischen Intention der Amerikastudien von Karl Loewenstein, in: Michael *Dreyer*/Markus *Kaim*/Markus *Lang* (Hrsg.), Amerikaforschung in Deutschland. Themen und Institutionen der Politikwissenschaft nach 1945, Stuttgart 2004, S. 137-160.

———, Die politische Theorie Karl Loewensteins. Eine biographische Fallstudie zur Entwicklung des politischen Denkens und der Politikwissenschaft im 20. Jahrhundert, Diss. TU Chemnitz 2005.

Lietzmann, Hans J., Politikwissenschaft im »Zeitalter der Diktaturen«. Die Entwicklung der Totalitarismustheorie Carl Joachim Friedrichs, Opladen 1999.

———, Die Wiederkehr der Politikwissenschaft. Eine paradoxe Kontinuität in der Nachkriegszeit, in: Michael *Dreyer*/Markus *Kaim*/Markus *Lang* (Hrsg.), Amerikaforschung in Deutschland. Themen und Institutionen der Politikwissenschaft nach 1945, Stuttgart 2004, S. 183-200.

Loewenstein, Karl, Das Problem des Föderalismus in Großbritannien, in: *Annalen des Deutschen Reichs,* Nr. 55/1922, S. 1-95.

———, Volk und Parlament nach der Staatsauffassung der französischen Nationalversammlung von 1789. Studien zur Dogmengeschichte der unmittelbaren Volksgesetzgebung, München 1922.

———, Die britischen Parlamentswahlen im November 1922, München 1923.

———, Das heutige Verfassungsrecht des britischen Weltreichs, in: *Jahrbuch des öffentlichen Rechts,* Nr. 8/1925, S. 404-497.

———, Minderheitsregierung in Großbritannien, München 1925.

———, Die »Magna Charta« des britischen Weltreichs, in: *Archiv des öffentlichen Rechts,* Nr. 12/1927, S. 255-272.

———, Verfassungsleben in Großbritannien 1924-1932, in: *Jahrbuch des öffentlichen Rechts,* Nr. 10/1932, S. 195-319.

———, Autocracy Versus Democracy in Contemporary Europe, in: *The American Political Science Review,* Nr. 29/1935, S. 571-593 und 755-784.

———, Law in the Third Reich, in: *Yale Law Journal,* Nr. 45/1936, S. 779-815.

———, Monarchy Gains Lost Ground in Europe, in: *Social Science,* Nr. 9/1936, S. 201-215.

———, Dictatorship and the German Constitution: 1933-1937, in: *Chicago Law Review,* Nr. 4/1937, S. 537-574.

———, Militant Democracy and Fundamental Rights, in: *The American Political Science Review,* Nr. 31/1937, S. 417-432 und 638-658.

———, Occupational Representation and the Idea of an Economic Parliament, in: *Social Science,* Nr. 12/1937, S. 420-432.

———, The Balance between Legislative and Executive Power. A Study in Comparative Constitutional Law, in: *Chicago Law Review,* Nr. 5/1938, S. 566-608.

———, Legislative Control of Political Extremism in European Democracies, in: *Columbia Law Review,* Nr. 38/1938, S. 591-622 und 725-774.

———, Hitler's Germany. The Nazi Background to War, New York 1939.

———, The Demise of the French Constitution of 1875, in: *The American Political Science Review,*

Nr. 34/1940, S. 867-895.

———, El problema del contralor legislativo del extremismo político y la legislación uruguaya, in: *La Revista de Derecho, Jurisprudencia y Administracion,* Montevideo, Nr. 39/1942, S. 225-230.

———, Legislation against Subversive Activities in Argentina, in: *Harvard Law Review,* Nr. 56/1943, S. 1261-1306.

———, Legislation for the Defense of the State in Chile, in: *Columbia Law Review.* Nr. 44/1944, S. 366-407.

———, An International Bill of Human Rights, in: *Current History,* Nr. 9/1945, S. 273-283.

———, Freedom is Unsafe Without Self-Government, in: *The Annals of the American Academy of Political and Social Science,* Nr. 243/1946, S. 47-49.

———, Political Reconstruction, New York 1946.

———, Political Reconstruction in Germany, Zonal and Interzonal, in: James K. *Pollock* (Hrsg.), Change and Crisis in European Government, New York 1947, S. 29-44.

———, Law and the Legislative Process in Occupied Germany, in: *Yale Law Journal,* Nr. 57/1948, S. 724-760 und 994-1022.

———, Reconstruction of the Administration of Justice in American-Occupied Germany, in: *Harvard Law Review,* Nr. 61/1948, S. 419-467.

———, Politische Erziehung in den Vereinigten Staaten, in: Politische Erziehung und Bildung in Deutschland. Ein Bericht über die Konferenz von Waldleiningen 1949, Frankfurt am Main 1949, S. 37-48.

———, Vom Wesen der amerikanischen Verfassung, Frankfurt am Main 1950.

———, Über den Stand der politischen Wissenschaften in den Vereinigten Staaten, in: *Zeitschrift für die gesamte Staatswissenschaft,* Nr. 106/1950, S. 349-361.

———, The Bonn Constitution and the European Defense Community Treaties. A Study in Judicial Frustration, in: *Yale Law Journal,* Nr. 64/1955, S. 805-839.

———, The German Republic at Bonn, in: *Current History,* Nr. 28/1955, S. 236-242.

———, Staatspolitik und Verfassungsrecht in den Vereinigten Staaten 1933 bis 1954, in: *Jahrbuch des öffentlichen Rechts,* Nr. 4/1955, S. 1-152.

———, Political Power and the Governmental Process, Chicago 1957.

———, Verfassungslehre, Tübingen 1959.

———, Verfassungsrecht und Verfassungspraxis der Vereinigten Staaten, Berlin 1959.

———, Die Krise des amerikanischen Rundfunk- und Fernsehwesens, in: *Archiv des öffentlichen Rechts,* Nr. 85/1961, S. 404-459.

———, Baker v. Carr: Policy Decision und der Supreme Court, in: Gerhard A. *Ritter*/Gilbert *Ziebura* (Hrsg.), Faktoren der politischen Entscheidung. Festgabe für Ernst Fraenkel, Berlin 1963, S. 237-272.

———, Staatspolitik und Verfassungsrecht in den Vereinigten Staaten 1955-1964, in: *Jahrbuch des öffentlichen Rechts,* Nr. 13/1964, S. 1-116.

———, Erscheinungsformen der Verfassungsänderung. Verfassungsrechtsdogmatische Untersuchungen zu Artikel 76 der Reichsverfassung, Neudruck der Ausgabe Tübingen 1931, Aalen 1968.

———, Ketzerische Betrachtungen über die amerikanische Verfassung, in: Peter *Saladin* (Hrsg.), Der Staat als Aufgabe. Gedenkschrift für Max Imboden, Basel 1972, S. 233-254.

Loewenstein, Karl/*Packard,* Lawrence B., America's Eleventh Hour, Easthampton 1940.

Mason, Alpheus T., Harlan Fiske Stone. Pillar of the Law, New York 1956.

Minkenberg, Michael, Die Christliche Rechte und die amerikanische Politik von der ersten bis zur zweiten Bush-Administration, in: *Aus Politik und Zeitgeschichte,* Nr. B46/2003, S. 23-32.

Mohr, Arno, Politikwissenschaft als Alternative. Stationen einer Disziplin auf dem Weg zu ihrer Selbständigkeit in der Bundesrepublik Deutschland 1945-1965, Bochum 1988.

Padover, Saul K., Lügendetektor. Vernehmungen im besiegten Deutschland 1944/45, Frankfurt am Main 1999.

Schmitt, Carl, Die geistesgeschichtliche Lage des heutigen Parlamentarismus, 7. Aufl., unveränd. Nachdruck der 1926 erschienenen 2. Auflage, Berlin 1991.

Schöbener, Burkhard, Die humanitäre Intervention im Konstitutionalisierungsprozeß der Völker-

rechtsordnung, in: *Kritische Justiz,* Nr. 33/2000, S. 557-579.
———, Schutz der Menschenrechte mit militärischer Gewalt. Die humanitäre Intervention zwischen Völkerrecht und internationaler Politik, in: *Zeitschrift für Politik,* Nr. 47/2000, S. 293-317.
Urofsky, Melvin I., Division and Discord. The Supreme Court Under Stone and Vinson, 1941-1953, Columbia 1997.

Eine neue Souveränität?

Interventionen, Protektorate und internationale Administrationen als Handlungsmodi des »Empire«

Jörg Meyer

1. Einleitung

Michael *Hardt* und Antonio *Negri* haben den Versuch unternommen, eine neue Epoche mit einer neuen Souveränität zur Sprache zu bringen. »Empire«, wie sie die globale Form von Souveränität bezeichnen, »establishes no territorial center of power and does not rely on fixed boundaries or barriers«, ist ein »decentered and deterritorializing apparatus of rule« und »manages hybrid identities, flexible hierarchies, and plural exchanges through modulating networks of command«.[1] Wenn hier auf »Empire« zurückgegriffen wird, dann als Anregung. Ziel ist es, die mit bestimmten Begriffen einhergehenden Entscheidungen und Machtbeziehungen zu problematisieren, wobei ich mich auf aktuelle Veränderungen des Begriffs der Souveränität sowie die Begründung von Interventionen, die Einrichtung von Protektoraten und die Tätigkeit internationaler Administrationen konzentriere.

Dahinter steht eine von Ludwig *Wittgenstein* inspirierte Richtung politischer Philosophie: Maßgeblich für die Bedeutung eines Wortes ist sein Gebrauch in der Sprache respektive im miteinander Sprechen und Handeln, was Korrekturen, Bestätigungen, die Sanktionierung von Abweichungen usw. beinhaltet.[2] Unter einem Begriff ist dann die Fähigkeit zu verstehen, einen allgemeinen Ausdruck in unterschiedlichen Situationen zu verwenden und Gründe für oder gegen seine Verwendung in spezifischen Fällen zu nennen.[3] Begriffe werden in dieser Konzeption durch unsere sprachlichen Aktivitäten erzeugt und verändert.[4] Zugleich leiten und legitimieren sie Handlungen, so dass sie eine konstitutive Rolle für die soziale Realität und eine politische Natur haben.[5] Mit einer politischen Philosophie in der Wittgensteinschen Tradition geht es um eine Sichtung politischer Vokabulare und Praktiken, die aber nicht darauf abzielt, zu sagen, welche Begriffe die richtigen sind.[6]

---

1 Vgl. Michael *Hardt*/Antonio *Negri,* Empire, Cambridge und London 2001, S. xii.

2 Vgl. Martin *Stone,* Stanley Cavell über Wittgensteins Argument des Alltäglichen, in: *Deutsche Zeitschrift für Philosophie,* Nr. 2/1998, S. 251-265.

3 Vgl. James *Tully,* Politische Philosophie als kritisches Handeln, in: *Deutsche Zeitschrift für Philosophie,* Nr. 1/2003, S. 3-23, hier S. 14.

4 Vgl. Arno *Ros,* Begründung und Begriff. Band III Moderne, Hamburg 1990, S. 295.

5 Vgl. Kari *Palonen,* Begriffsgeschichte und/als Politikwissenschaft, in: Archiv für Begriffsgeschichte 2002, S. 221-234.

6 Vgl. John *Gunnell,* Desperately Seeking Wittgenstein, in: *European Journal of Political Theory,* Nr. 1/2004, S. 77-98.

Der Begriff der Souveränität ist im permanenten Prozess der Erzeugung von Bedeutung und Konstruktion sozialer Realität besonders interessant. Schon bei Thomas *Hobbes* wird die Rolle des Souveräns nicht nur als »the enforcer, but as the fixer of signs« betont.[7] Er gibt so eine scheinbar notwendige Lösung für das Problem der Ordnung, der Kraft von Worten und der Autorisierung von Autorität in Gestalt des souveränen Staates.[8] Wenn *Hardt/Negri* von einer neuen Souveränität sprechen, dann einerseits im Sinne der Anpassung eines theoretisches Konzepts an veränderte Gegebenheiten, das heißt, dass der staatliche Souveränitätsbegriff nicht mehr geeignet ist, um die Verhältnisse in der Postmoderne zu analysieren. Andererseits bieten sie ein alternatives Vokabular politischen Denkens und Handelns an, das heißt, dass Widerstandspraktiken nicht auf den Staat fixiert werden sollten. Wozu sie einen Beitrag zu leisten hoffen, ist »a toolbox of concepts for theorizing and acting in and against Empire«.[9]

Die Annahme einer eindeutig identifizierbaren neuen Form von Souveränität kann ebenso problematisch erscheinen wie die Deutung aller möglichen Aktionen als Widerstand gegen das »Empire« oder die Beschwörung eines keiner Institutionalisierung bedürfenden Dissenses.[10] Mein Anliegen ist aber keine Kritik von »Empire«, sondern eine Untersuchung des politischen Begriffs der Souveränität. *Hardt/Negri* geben hier eine wichtige Anregung, wenn sie ihn vom Staat lösen. Dann lässt sich fragen, inwieweit sich eine solche Veränderung in aktuellen Sprechhandlungen und politischen Praktiken tatsächlich findet und wie staatliche Souveränität relativiert, bestritten und abgewertet (oder verteidigt wird). Dazu werde ich im folgenden Abschnitt grob den modernen Souveränitätsbegriff skizzieren, um ihn mit neueren Umdeutungen und Umwertungen zu konfrontieren. Diese Untersuchung wird im dritten Abschnitt auf die Begründung von Interventionen, die Einrichtung von Protektoraten und die Tätigkeit internationaler Administrationen fokussiert.

2. Staatliche Souveränität: Vom generalisierten zum diskriminierenden Prinzip?

Wenn von einer neuen Souveränität die Rede ist, stellt sich zunächst die Frage, was bisher mit Souveränität gemeint war. Insoweit werde ich im ersten Unterabschnitt

---

7 Vgl. Friedrich V. *Kratochwil,* Constructivism as an Approach to Interdisciplinary Study, in: Karin M. *Fierke*/Knud Erik *Jörgensen* (Hrsg.), Constructing International Relations: the Next Generation, Armonk 2001, S. 13-35, hier S. 24.

8 Vgl. Karena *Shaw,* Feminist Futures: Contesting the Political, in: Richard *Falk*/Lester Edwin J. *Ruiz*/R. B. J. *Walker* (Hrsg.), Reframing the International. Law, Culture, Politics. New York/London 2002, S. 218-247; Niels *Werber,* Vor dem Vertrag. Probleme des Performanzbegriffs aus systemtheoretischer Sicht, in: Uwe *Wirth* (Hrsg.), Performanz. Zwischen Sprachphilosophie und Kulturwissenschaften, Frankfurt 2002, S. 366-382; R. B. J. *Walker,* After the Future. Enclosures, Connections, Politics, in: *Falk/Ruiz/Walker* (Hrsg.), op.cit., S. 3-25.

9 Vgl. *Hardt/Negri,* op.cit. (Anm. 1), S. xvi.

10 Vgl. Stephen *Shapiro,* Beyond Postmarxism: Capitalist Space and Left Institutionality, in: Johannes *Angermüller* et al. (Hrsg.), Reflexive Representations. Politics, Hegemony, and Discourse in Global Capitalism, Münster 2004, S. 21-34.

versuchen, den sehr komplexen und durchaus nicht unveränderten Gebrauch dieses zentralen politischen Begriffs zu skizzieren. In den beiden folgenden Unterkapiteln gehe ich dann auf aktuelle Abwertungen und Umdeutungen von (staatlicher) Souveränität ein, wobei diese Sichtung aber nur einen exemplarischen Charakter hat und keinen Anspruch der Repräsentativität erhebt.

2.1. Zum modernen Begriff der Souveränität

In der Moderne wurde Souveränität synonym mit Ausdrücken wie »höchster Autorität« oder »absoluter Macht« verwendet, die der Souverän besitzen muss, um in einem Territorium eine soziale Ordnung durchzusetzen.[11] Die Hobbessche Feststellung beziehungsweise Behauptung, dass es immer nur eine aufgezwungene Ordnung geben kann, konstituiert die Notwendigkeit von Souveränität: Ohne souveräne Gewalt, so die scheinbar natürliche und ewige Wahrheit, kann es weder Sicherheit noch Recht oder Fortschritt geben.[12] Diese Ontologie wurde gerade auch in der Disziplin Internationale Beziehungen fortgeschrieben. »Nations dwell in perpetual anarchy, for no central authority imposes limits on the pursuit of sovereign interests.«[13] Mit der Anarchiethese einher geht die bekannte Dichotomisierung von Politik in und zwischen Staaten. »National politics is the realm of authority, of administration, and of law. International politics is the realm of power, of struggle, and of accommodation.«[14]

Einerseits erscheinen aber die realistischen Begriffe im Vergleich zu anderen Diskursen etwas verengt, insoweit sich in der Moderne ein Wandel dahingehend durchsetzte, von der Bevölkerung nicht primär als Subjekte staatlicher Autorität zu sprechen, sondern als Bürger[15] und als Eigentümer der Souveränität.[16] Darin angelegt war und ist eine Spannung zwischen dem Konzept einer hierarchischen Ordnung mit einer höchsten Autorität in Gestalt des souveränen Staates und dem modernen Anspruch des freien, autonomen Individuums. »Hence, all our conventional stories about the social contract; about nationalism, liberalism, and socialism; about public and private, state and civil society; about rights, representations, and democratizations.«[17]

11 Vgl. *Hardt/Negri,* op.cit. (Anm. 1), S. 84.

12 Vgl. *Shaw,* op.cit. (Anm. 8).

13 Vgl. Kenneth N. *Oye,* Explaining Cooperation under Anarchy: Hypotheses and Strategies, in: ders. (Hrsg.), Cooperation under Anarchy, Princeton 1986, S. 1-24, hier S. 1.

14 Vgl. Kenneth N. *Waltz,* Anarchic Orders and Balances of Power, in: Robert O. *Keohane* (Hrsg.), Neorealism and its Critics, New York 1986, S. 98-130, hier S. 111.

15 Vgl. *Hardt/Negri,* op.cit. (Anm. 1), S. 95.

16 Vgl. Friedrich V. *Kratochwil,* Souveränität und Moderne. Eine begriffliche Analyse des semantischen Feldes, in: Markus *Jachtenfuchs*/Michèle *Knodt* (Hrsg.): Regieren in internationalen Institutionen, Opladen 2002, S. 29-51, hier S. 37.

17 Vgl. R. B. J. *Walker,* Foreword, in: Jenny *Edkins*/Nalini *Persram*/Véronique *Pin-Fat* (Hrsg.), Sovereignty and Subjectivity, Boulder, CO, 1999, S. ix-xiii, hier S. x.

Andererseits wurde und wird die Nichtexistenz oder zumindest die weitgehende Irrelevanz internationalen Rechts wohl nur von hart gesottenen Realisten behauptet. In völkerrechtlichen Diskursen wie von diesen informierten Ansätzen der IB werden die Staaten nicht einfach als gegebene Einheiten begriffen. Vielmehr gilt die wechselseitige Anerkennung der Autorität und Hoheit über ein Gebiet schon seit längerem als Voraussetzung für staatliche Souveränität. »It would be impossible to have a society of sovereign states unless each state, while claiming sovereignty for itself, recognized that every other state had the right to claim and enjoy its own sovereignty as well.«[18]

Souveränität kann insgesamt als ein konstitutives Prinzip der modernen Welt gelten, und d.h. auch, wie Nicholas *Onuf* betont hat, dass es so etwas wie eine internationale Konstitution im Sinne einer Verfassung gibt. Diese beschränkt die Mitgliedschaft in der internationalen Gesellschaft auf Staaten, die das Recht haben, Verträge zu schließen oder Befugnisse mittels Verträgen an internationale Organisationen zu delegieren.[19] Verträge zwischen Staaten gelten wiederum traditionell als Basis des internationalen Rechts.[20] Eine konfliktreiche Erweiterung des Souveränitätsbegriffes brachte das Prinzip der Selbstbestimmung, das sich mit Friedrich *Kratochwil* als »Ausweitung des Gedankens der Legitimation staatlicher Macht als Ausdruck von (kulturellen) Eigenheiten auf (noch nicht) bestehende oder anerkannte Nationen« zusammenfassen lässt.[21] Das Recht zur Anerkennung eines neuen Nationalstaates liegt wiederum bei den Mitgliedern der internationalen Gemeinschaft, also bei denjenigen, die im Namen schon anerkannter Staaten sprechen und handeln können.

Damit ist die komplexe Verwendung des Begriffs der Souveränität natürlich auch nicht annähernd erschöpfend beschrieben. Dennoch lassen sich anhand dieser Kontrastfolie einige der von *Hardt/Negri* betonten Spezifika der »Ära der Globalisierung« gegenüber der Epoche der staatlichen Souveränität verdeutlichen: Die Herrschaft des »Empire« hat keine räumlichen Grenzen und ist weder an ein Territorium noch an bestimmte Akteure gebunden. Souveränität entspricht bei *Hardt/Negri* nicht mehr nationalstaatlicher Macht oder Autorität. Deshalb ist »Empire« auch nicht mit einer von Staaten ausgehenden imperialistischen Expansionspolitik zu verwechseln. Es ist im Gegenteil der vielstimmige Wunsch nach Freiheit – die Auflehnung gegen moderne Herrschaftsstrukturen, gegen Nationalismus, Kolonialismus und Imperialismus –, den »Empire« anspricht. »One might even say that the construction of Empire and its global networks is a response to the various struggles against the modern machines of power, and specifically to class struggle driven by the multitude's desire for liberation. The multitude called Empire into being.«[22]

---

18 Vgl. Martin *Wight,* Systems of States, Leicester 1977, S. 135.

19 Nicholas G. *Onuf,* The Constitution of International Society, in: *European Journal of International Law,* Nr. 1/1994, S. 1–19.

20 Vgl. *Hardt/Negri,* op.cit. (Anm. 1), S. 9 f.

21 Vgl. *Kratochwil,* a.a.O. (Anm. 16).

22 Vgl. *Hardt/Negri,* op.cit. (Anm. 1), S. 42 f.

2.2. Staatliche Souveränität als moralischer Anachronismus

Vorbehalte gegenüber staatlicher Souveränität im Sinne einer höchsten Autorität innerhalb eines bestimmten Territoriums sind keineswegs neu. So schrieb Franz *Werfel* im Jahr 1933 über die Lage der armenischen Bevölkerung im Osmanischen Reiches während der im Jahre 1915 an ihnen verübten Verbrechen: »Den Armeniern winkte kein Schutz, keine Hilfe, keine Hoffnung. Sie waren keinem Feinde in die Hände gefallen, der aus Gründen der Gegenseitigkeit das Völkerrecht achten musste. Sie waren einem weit schrecklicheren, einem ungebundenen Feind in die Hände gefallen: dem eigenen Staat.«[23] In jüngster Zeit mehren sich Stimmen, die der Gewalt des Staates Grenzen setzen wollen. Ein Beispiel gab Benjamin *Ferencz*, früherer Ankläger in den Nürnberger Prozessen, im Hinblick auf die Etablierung eines Internationalen Strafgerichtshofes: »Outdated notions of sovereignty must not block acceptance of rules of the road needed to enhance the security of people everywhere by deterring wars of aggression, genocide and the horrible crimes against humanity that continue to deface the human landscape.«[24]

Die Einrichtung eines internationalen Strafgerichtshofes erfolgte nicht zuletzt aufgrund des Drängens eines breiten Spektrums gesellschaftlicher Kräfte, die von Juristenverbänden über auf Geschlechterthemen spezialisierte Nichtregierungsorganisationen (NRO) bis hin zu afrikanischen sozialen Bewegungen reichten,[25] was als Ausdruck einer »global civil society« emphasiert wurde.[26] Lee *Feinstein* und Anne-Marie *Slaughter* heben die Relevanz hervor, die Menschenrechtsbewegungen für die Infragestellung des traditionellen völkerrechtlichen Begriffs der Souveränität insgesamt haben:

> *»In the name of protecting state sovereignty, international law traditionally prohibited states from intervening in one another's affairs, with military force or otherwise. But members of the human rights and humanitarian protection communities came to realize that, in light of the humanitarian catastrophes of the 1990's, from famine to genocide to ethnic cleansing, those principles will not do. The world could no longer sit and wait, reacting only when a crisis caused massive human suffering or spilled across borders, posing more conventional threats to international peace and security.«*[27]

---

23 Zitiert nach Lothar *Brock*/Tilmann *Elliesen*, Humanitäre Interventionen. Zur Problematik militärischer Eingriffe in innerstaatliche Konflikte, in: Wolfgang *Hein* (Hrsg.), Umbruch in der Weltgesellschaft, Hamburg 1994, S. 383-420, hier S. 388.

24 Vgl. Benjamin B. *Ferencz*, The Development of International Humanitarian Law, in: *Human Rights Worldwide*, 6.-9.11.1999, S. 9.

25 Vgl. Christina *Möller*, The Significance of the AD HOC Tribunals for the Establishment of a Permanent ICC: Prosecution of Sexual Violence in War and Armed Conflict, in: *Human Rights Worldwide*, November 1999, S. 12-15; Davies *Iber*, The ICC and Afrika, in: *Human Rights Worldwide*, November 1999, S. 35.

26 William R. *Pace*, The ICC - a Great International Achievement - but Great Effort is still Required, in: *Human Rights Worldwide*, November 1999, S. 10.

27 Lee *Feinstein*/Anne-Marie *Slaughter*, A Duty to Prevent, in: *Foreign Affairs*, Januar-Februar 2004, S. 136-150, hier S. 136.

Ähnliche Folgerungen ziehen auch staatliche Akteure. Der deutsche Außenminister Joschka *Fischer* hat nach dem Kosovo-Krieg vor der Generalversammlung der Vereinten Nationen (UN) die Frage, ob »denn den UN die Staatensouveränität wichtiger sein darf als der Schutz der Menschen und ihrer Rechte«, negativ beantwortet - nicht ohne durch Verwendung des Ausdrucks »Weltgemeinschaft« die Existenz eines universalen moralischen Standpunktes zu signalisieren und mit kaum zufälliger Vermeidung des Wortes »Krieg« zur Bezeichnung der militärischen Aktionen der NATO:

> *»Der Kosovokonflikt stellt in mehrfacher Hinsicht eine Zäsur dar. Die Weltgemeinschaft hat es dort nicht mehr akzeptiert, dass Krieg gegen die eigene Bevölkerung geführt und Terror und Vertreibung als Mittel der Politik eingesetzt werden. Keine Regierung hat, wie Generalsekretär Kofi Annan in seiner brillanten und wegweisenden Rede vor der 55. Menschenrechtskommission gesagt hat, das Recht, sich hinter dem Prinzip der staatlichen Souveränität zu verstecken, um die Menschenrechte zu verletzen. Die Nichteinmischung in ›innere Angelegenheiten‹ darf nicht länger als Schutzschild für Diktatoren und Mörder missbraucht werden.«*[28]

Was sich in solchen Äußerungen abzeichnet, scheint keine pauschale Abkehr vom Prinzip der Souveränität, sondern eher eine Art Qualifizierung derselben, d.h. ihr Besitz wird an gewisse Verhaltensmaßstäbe gekoppelt. So hat *Fischer* zwar das gewaltsame Vorgehen der russischen Streitkräfte gegen die Zivilbevölkerung in Tschetschenien als inakzeptabel bezeichnet, jedoch zugleich auch bekräftigt, dass die »Bundesregierung nie die Legitimation Russlands in Frage gestellt« hat, »seine territoriale Integrität zu erhalten«.[29]. Anfang 2004 erklärte er wiederum zur Lage im Irak, dass es nun entscheidend darauf ankommt, die »Souveränität des Landes auf breiter Legitimationsbasis wiederherzustellen«.[30]

Michael *Reisman* hat schon in den 1980er Jahren ein Verständnis von Art. 2 (4) der Charta der UN gefordert, das notfalls unilaterale gewaltsame Aktionen zur Entfernung einer despotischen Regierung in einem anderen Staat zulässt.[31] Denn der Ausdruck Souveränität, so seine wiederholt erneuerte Begründung, ist ein »Anachronismus«, wenn er unterschiedslos auf alle Staaten beziehungsweise Regierungen angewendet wird:

> *»With the words 'We the People,' the American Revolution inaugurated the concept of the popular will as the theoretical and operational source of political authority. On its heels, the French Revolution and the advent of subsequent democratic governments confirmed the*

---

28 Vgl. Joschka *Fischer,* Erste Rede des Bundesministers des Auswärtigen Joschka Fischer vor der Generalversammlung der Vereinten Nationen am 22.9.1999 in New York, in: *Internationale Politik (IP),* Nr. 12/1999, S. 103–109, hier S. 104.

29 Vgl. ders., Kein Anti-Terrorrabatt bei Menschenrechtsverletzungen, Rede vor der Genfer Menschenrechtskommission am 20. März 2002, über: <http://www.auswaertiges-amt.de>.

30 Vgl. ders., Rede am 7.2.2004 auf der 40. Münchner Konferenz für Sicherheitspolitik, <http://www.auswaertiges-amt.de/diplo/de/Infoservice/Presse/Reden/2004/040207-Sicherheitspolitik.html>.

31 Vgl. Michael W. *Reisman,* Coercion and Self-Determination: Construing Charter Art. 2(4), in: *American Journal of International Law,* 1984, S. 78.

> *concept. Political legitimacy henceforth was to derive from popular support; governmental authority was based on the consent of the people in their territory in which a government purported to exercise power. At first only for those States in the vanguard of modern politics, later for more and more States, the sovereignty of the sovereign became the sovereignty of the people: popular sovereignty.«*[32]

Reisman spricht sich zwar gegen ökonomische Sanktionen aus, da »this misguided approach permits the persistence of violations of the democratic aspirations of peoples by military thugs and bandits, who will continue to find shelter in the anachronistic conceptions of 'territorial integrity' and 'sovereignty'«. Sie haben für ihn aber eine positive Seite: »economic sanctions confirm that the international community views the right to constitutional government as a basic human right and its violation as a threat to peace.«[33] In anderen Worten bestätigen ökonomische Sanktionen und deren Befürwortung einen Souveränitätsbegriff, der einigen Staaten das Recht auf eine militärische Nichteinmischung abspricht. Zudem beruft sich *Reisman* in seinen Feststellungen über den angemessenen Souveränitätsbegriff darauf, dass das internationale Recht durch Menschenrechtsbewegungen verändert wurde.[34]

2.3. Staatliche Souveränität als faktischer Anachronismus

Wenn staatliche Souveränität mit völliger Autonomie gleichgesetzt wird, so war sie, woran Susan *Strange*[35] erinnert hat, schon immer ein »Mythos«. Dennoch spielt dieses Bild eine Rolle, insoweit ein Wandel des Souveränitätsbegriffs in Form einer Feststellung von faktischen Veränderungen vollzogen wird. Wie es der amerikanischer Verteidigungsminister Donald *Rumsfeld* im September 2002 in einem Interview der *New York Times* auf den Punkt gebracht hat: »[T]he world changed … Business as usual won't do it.«[36] Dabei wird wie von *Hardt/Negri* der Fakt der Globalisierung in Spiel gebracht, so etwa in der US-amerikanischen »National Security Strategy« aus demselben Jahr: »Today, the distinction between domestic and foreign affairs is diminishing. In a globalized world, events beyond America's border have a greater impact inside them.«[37]

Die Vermutung liegt nicht fern, dass die Neuartigkeit der Herausforderungen und Risiken die Notwendigkeit von gewaltsamen Aktionen unterstreichen soll. Wenn diese

---

32 Vgl. ders., Sovereignty and Human Rights in Contemporary International Law, in: Gregory H. *Fox*/ Brad R. *Roth* (Hrsg.), Democratic Governance and International Law, Cambridge 2000, S. 239-258, hier S. 240.

33 Vgl. op.cit., S. 256 f.

34 Vgl. op.cit., S. 251.

35 Vgl. Susan *Strange*, Wake up, Krasner! The World Has Changed, in: *Review of International Political Economy*, Nr. 2/1994, S. 209-219.

36 Zitiert nach Neta C. *Crawford*, The Road to Global Empire: The Logic of U.S. Foreign Policy After 9/11, in: *Orbis. A Quarterly Journal of World Affairs*, Nr. 4/2004, S. 685-703, hier S. 685.

37 Zitiert nach op.cit., S. 698.

Aktionen mit völkerrechtlichen Begriffen und Normen kollidieren, muss in dieser Logik das Völkerrecht an die veränderte Wirklichkeit angepasst werden, womit die normative und politische Qualität des Wandels in den Hintergrund tritt. Ein Beispiel geben *Feinstein/Slaughter,* die humanitäre Begründungen um eine »duty to prevent« im Feld globaler Sicherheit ergänzen. Die alten Regeln oder Regelauslegungen, das ist die zentrale Prämisse, sind überholt:

> *»We live in a world of old rules and new threats. This period did not begin on September 11, 2001. Before then, politicians and public figures were already lacing their millennium speeches with calls for a new global financial architecture, new definitions of national self-interest and humanitarian intervention, and new ways of organizing international institutions. They recognized that the existing rules and institutions created to address the economic, political, and security problems of the last century were inadequate for solving a new generation of threats to world order: failed states; regional economic crises; sovereign bankruptcies; the spread of HIV/Aids and other new viruses; global warming; the rise of global criminal networks; and trafficking in arms, money, women, workers, and drugs.«*[38]

Etwas ironisch könnte man anmerken, dass damit auch das Reservoir an Begründungen für eine Außerkraftsetzung staatlicher Souveränität fast unerschöpflich wird. *Feinstein/Slaughter* konzentrieren sich allerdings auf Bedrohungen durch den Erwerb und den Gebrauch von Massenvernichtungswaffen. Dies hat unbestritten eine technologische Komponente, auf die auch staatliche Akteure verweisen, wenn sie (die Vorbereitung von) Gewaltaktionen als Gegengewalt auf eine noch gar nicht erfolgte Gewaltanwendung rechtfertigen. In den Worten der damaligen US-amerikanischen Sicherheitsberaterin Condoleeza *Rice:* »New technology requires new thinking about when a threat actually becomes 'imminent.' So as a matter of common sense, the United States must be prepared to take action, when necessary, before threats have fully materialized.«[39]

Die »Berechtigung« vorgreifender Gewalt kann kaum nur von technologischen Potentialen beziehungsweise der (absehbaren) Möglichkeit des Einsatzes von Massenvernichtungswaffen abhängig gemacht werden. Denn dann wäre die Vorbereitung vorgreifender Maßnahmen etwa gegen Frankreich »berechtigt«. *Feinstein/Slaughter* führen einen zweiten Maßstab der Faktizität einer Bedrohung durch Massenvernichtungswaffen ein, und zwar den, in wessen Händen sie sich befinden oder kommen könnten. Dabei weisen sie es zwar von sich, »gute« und »schlechte« Regierungen oder »Demokratien« und »Nichtdemokratien« voneinander unterscheiden zu wollen, so wie sie sich auch von Begriffen wie »outlaw« und »rogue states« distanzieren, was aber nicht heißt, dass sie keine Unterscheidungen vornehmen.

> *»It is not states that are the danger, but their rulers - a relatively small group of identifiable individuals who seek absolute power at home or sponsor terrorism abroad. These rulers*

---

38 Vgl. *Feinstein/Slaughter,* op.cit. (Anm. 27), S. 138.
39 Zitiert nach *Crawford* (Anm. 36), S. 699.

and their regimes can be identified by evaluating their behavior according to criteria already documented in the UN system: the rule of law and human rights; rights to association and organization; freedom of expression and belief; and personal autonomy and economic rights. The international system remains uncomfortable distinguishing one country from another, but such distinctions are already embedded in the UN system and they should be emphasized as the basis for effective international action with the dangers we now face.«[40]

Diese Unterscheidung hebelt nicht nur das Prinzip der souveränen Gleichheit der Staaten aus, sondern auch bisherige Begrenzungen von Gewalt.[41] Auffällig ist, wie das (internationale) »Recht« seinen formalen Gehalt verliert. »The international legal rules governing nonproliferation, as well as those determining sovereign rights over a given population and territory, are evolving. Nations are interpreting old rules in new ways and trying out new practices in response to new threats.«[42]

Die »Nationen« (die Staaten, »the people«, oder wer auch immer), so hat es den Anschein, müssen den Regeln nicht zustimmen. Hingegen ziehen *Feinstein/Slaughter* die Feststellungen der »International Commission on Intervention and State Sovereignty«, deren Einrichtung von der kanadischen Regierung in der Generalversammlung der UN bekannt gegeben wurde, für die Neudefinition von Souveränität heran. Karl-Heinz *Kamp* sieht den »Schlüssel für die Fortentwicklung des Völkerrechts« darin, dass es »statt eines Einforderns formaler Regeln« künftig »weit stärker um ein Ermessen und Beurteilen gehen« muss. Für »die Entscheidung zum Militäreinsatz«, muss es zwar Kriterien geben, aber »[k]eines dieser Kriterien ist exakt oder einklagbar.«[43] Wer ermisst, beurteilt und entscheidet, bleibt weitgehend offen. *Feinstein/Slaughter* sind hier kaum präziser: »the duty to prevent should be exercised collectively, through a global or regional organization«.[44]

3. Interventionen, Protektorate und internationale Administrationen

Die bisher skizzierten Äußerungen und Argumente liefen nicht nur auf eine Qualifizierung der Bedingungen für die Anerkennung staatlicher Souveränität beziehungsweise Einführung eines diskriminierenden Souveränitätsbegriffs hinaus, sondern auch auf eine Aufweichung internationalen Rechts. Darüber hinaus deuten sich Spannungen oder sogar Aporien an. So kann gefragt werden, warum von den UN nicht legitimierte Anwendungen oder Androhungen militärischer Gewalt keinen eklatanten Verstoß gegen die »Herrschaft des Rechts« darstellen sollten. Wenn wir sie aber als Verstoß

---

40 Vgl. *Feinstein/Slaughter*, op.cit. (Anm. 27), S. 140.

41 Vgl. Michael *Byers*/Simon *Chesterman*, »You, the People«: Pro-democratic Intervention in International Law, in: *Fox/Roth* (Hrsg.), op.cit. (Anm. 32), S. 259–292.

42 Vgl. *Feinstein/Slaughter*, op.cit. (Anm. 27), S. 149.

43 Vgl. Karl-Heinz *Kamp*, »Preemptive Strikes«. Eine neue sicherheitspolitische Realität, in: *IP*, Nr. 6/2004, S. 42–47, hier S. 44 f.

44 Vgl. *Feinstein/Slaughter*, op.cit. (Anm. 27), S. 137.

begreifen, dann würden Regierungen, die den Einsatz dieser Gewalt anweisen, zumindest ein von *Feinstein/Slaughter* genanntes Kriterium für die Identifikation von »Herrschern und ihren Regimes« erfüllen, die eine Bedrohung darstellen. Dergleichen wird häufig auf die USA und die Bush-Administration bezogen, wie auch der Begriff »Empire«.[45] *Hardt/Negri* setzen »Empire« aber ausdrücklich nicht mit den USA gleich. Tatsächlich fanden sich hier Hinweise, dass dies zumindest eine Verengung wäre, insoweit etwa NROs und Völkerrechtler an der Veränderung des Begriffs der Souveränität beteiligt sind.

3.1. Intervention: Von der Ausnahme zur Regel?

Der Begriff Intervention, zumindest wenn er auf politische und vor allem weltpolitische Gegenstände und Handlungen angewendet wird, hängt mit dem der (staatlichen) Souveränität zusammen. Die Worte »Intervention« und »intervenieren« werden auch in verschiedensten anderen sozialen Kontexten gebraucht. Ihre »normale« oder alltägliche Verwendung könnte so beschrieben werden, dass es um ein Eingreifen und Einmischen oder allgemein um Akte geht, die auf eine Veränderung von Ereignissen in der Welt gerichtet sind. Zumindest im ersten, spezielleren Fall drängt sich nicht nur die Frage auf, welchen Grund jemand dafür haben könnte, sondern auch die, was ihn dazu berechtigt. Wörter wie einmischen finden ja keinen rein deskriptiven, sondern auch einen normativen Gebrauch.[46]

Wenn wir sagen, dass sich jemand in eine Sache einmischt und damit zum Ausdruck bringen, dass es nicht seine Angelegenheit ist oder er unserer Meinung dazu kein Recht hat, erkennen wir das allgemeine Interesse an so etwas wie einer Privatsphäre einzelner Menschen oder sozialer Gruppen an. In der modernen Welt sind die Staaten solche Einheiten, begrenzte »polities«, die einen bestimmten Staat mit einer bestimmten Bevölkerung und einem bestimmten Territorium verbinden. »Non-intervention is the right to be left alone.«[47] Wenngleich dieses Prinzip zunächst naturrechtlich begründet wurde, vollzog sich seine Erneuerung in jüngerer Zeit vor allem durch wechselseitige Verpflichtungen. Souveränität als Recht des einen Staates bedingt die Pflicht der anderen Staaten zur Nicht-Intervention: »one's right is equally and necessarily another's duty«.[48]

Nun kann kaum ernsthaft behauptet werden, dass diejenigen, die im Namen eines Staates handeln, nicht des Öfteren das Geschehen in anderen Staaten verändert haben. Eine gängige Praxis bestand darin, eine bestimmte Gruppe solcher Handlungen

---

45 Vgl. *Crawford,* op.cit. (Anm. 36).

46 Vgl. dazu Hilary *Putnam,* The Collapse of the Fact/Value Dichotomy, Cambridge 2002.

47 Vgl. Nicholas G. *Onuf,* Everyday Ethics in International Relations, in: *Millenium: Journal of International Studies,* Nr. 3/1998, S. 669-693, hier S. 691.

48 Vgl. ders., The Constitution of International Society, op.cit. (Anm. 19), hier S. 12.

nicht als Intervention zu bezeichnen, wie etwa militärische Hilfsmaßnahmen für bestehende »souveräne« Regierungen in ihrem Kampf gegen oppositionelle Gruppen. Insoweit hingegen »Freiheitskämpfer« oder »Rebellen« in solcher Art unterstützt wurden, geschah dies nicht selten in mehr oder weniger verdeckten Aktionen.[49] Obwohl sich beide Handlungsweisen als Verletzung der Pflicht zur Nichtintervention und der Souveränitätsrechte deuten lassen, bestätigen sie gerade in der Zusammenschau die Relevanz dieser konstitutiven Regeln.

Militärische Interventionen hingegen scheinen sich schwerlich mit ihnen vereinbaren zu lassen und zudem mit dem Prinzip der Unterlassung einer gegen die territoriale Integrität oder die politische Unabhängigkeit eines Staates gerichteten Androhung oder Anwendung von Gewalt in den internationalen Beziehungen zu kollidieren, wie es in Art. 2 (4) der Charta der UN niedergelegt ist. Auch hier gibt es Ausnahmen, wie vor allem die, dass der Sicherheitsrat eine Bedrohung des Weltfriedens feststellen und den Einsatz von Zwangsmitteln legitimieren kann. Aktionen, bei denen dies nicht geschehen ist, stoßen durchaus auch auf Kritik und werden als militärische Entsouveränisierung der Staaten bezeichnet.[50] »Mit dem Krieg gegen Jugoslawien beginnt sich ein weiteres Charakteristikum des neuen Krieges durchzusetzen«, meint Norman *Paech,*[51] »welches an alte Legitimationsformen des gerechten Krieges anknüpft und bewusst die Erosion der modernen Völkerrechtsordnung betreibt.« Die »Anrufung des Völkerrechts gleicht … zunehmend einem Ritual, das versucht, dem militärischen Interventionismus die fehlende Rechtsbasis durch ihre Beschwörung nachzureichen«, so *Paech,* der auf neuere Strategien der NATO hinweist, die Ausnahmen vom Gewaltverbot etwa um eine Sicherung »lebenswichtiger Ressourcen« erweitern.

Solche Zusammenhänge herstellende Darstellungen finden sich auch zur Intervention in Afghanistan und zum Irak-Krieg. Die drei Fälle Kosovo, Afghanistan und Irak zeigen bereits, dass sich vielfältige Differenzierungen hinsichtlich der militärische Gewalt anwendenden Akteure, der von ihnen (und anderen Sprechern) gegebenen Interventionsgründe, der ihnen zugeschriebenen Absichten, der völkerrechtlichen Legalität usw. treffen lassen. Dennoch werden sie zum Teil unter ein einheitliches Schema in der Form gefasst, dass es sich um eine (semi-)kolonialistische oder imperialistische Praxis vor allem der USA handelt. *Hardt/Negri* wenden sich gegen derartige Repräsentationen:

---

49 Vgl. David *Forsythe,* Democracy, War, and Covert Action, in: *Journal of Peace Research,* Nr. 4/1992, S. 385-395.

50 Vgl. Werner *Ruf,* Humanitäre Intervention im Zeitalter der Globalisierung. Perspektiven für die Organisation der Vereinten Nationen, Referat auf einer Tagung des Österreichischen Instituts für Friedens- und Konfliktforschung in Stadtschlaining, 2001, <http://www.uni-kassel.de/fb10/frieden/science/ruf-intervention.html>.

51 Vgl. Norman *Paech,* Imperialismus oder Empire? Eine neue Weltordnung jenseits des Völkerrechts?, 2002 <http://www.uni-kassel.de/fb10/frieden/themen/Voelkerrecht/empire.html>, abgerufen am 13.7.2006.

> *»In all the regional conflicts of the late twentieth century, from Haiti to the Persian Gulf and Somalia to Bosnia, the United States is called to intervene militarily - and these calls are real and substantial, not merely publicity stunts to quell U.S. public dissent. Even if it were reluctant, the U.S. military would have to answer the call in the name of peace and order. This is perhaps one of the central characteristics of Empire - that is, it resides in a world context that continually calls it into existence.«*[52]

Die »Anrufungen« von »Empire« können vielfältig sein. So muss noch nicht einmal unbedingt die Forderung nach militärischen Aktionen prinzipiell unterstützt werden, ja können diese in Fällen eines fehlenden Mandats der UN sogar abgelehnt und kritisiert werden. Ein Beispiel gibt Ernst-Otto *Czempiel.* Er vertritt die Ansicht, dass im Kosovo keine Notwendigkeit zur gewaltsamen Intervention vorlag und das militärische Eingreifen ohne UN-Mandat falsch war. Der Krieg gegen Serbien habe eine Serie von Präzedenzfällen eröffnet, die langfristig das Gewaltverbot und die Weltordnung unterhöhlen.[53] Zugleich schreibt er jedoch, dass amerikanische Administrationen »in Nicaragua für die Demokratie gesorgt« und in »Haiti militärisch zugunsten der Demokratie interveniert« haben.[54]

Interessant ist, wie er eine Dichotomisierung von zwei Arten von Staaten vornimmt und dann das Verhältnis von Intervention und Souveränität entsprechend ordnet: »Autoritäre Herrschaftssysteme« sind neben der »Systemanarchie« die »zweite große Gewaltursache« im internationalen System, »Demokratien« hingegen »gewaltabgeneigt«. Den Hinweisen auf die Kriegsbeteiligung von als demokratisch klassifizierten Staaten entgegnet *Czempiel,* dass die Diskussion über die nicht geringere Gewaltneigung im Verhältnis zu »Nichtdemokratien« zwar weitergehen, »aber an dem Faktum nichts mehr ändern« wird, dass »die Existenz demokratischer Herrschaftssysteme die notwendige und die wichtigste Voraussetzung für die Entstehung von Friedenszonen bildet«.[55] Dieses »Faktum« berechtigt die (schon) »demokratischen« Gesellschaften zu einer nichtmilitärischen Intervention in (noch) »nicht-demokratische« Staaten, wenn sie denn auf »die Demokratisierung des Herrschaftssystems gerichtet« ist. Aber dies ist für ihn eigentlich auch gar keine Intervention mehr:

> *»In der modernen liberalen Staatstheorie ist der Träger der Souveränität nicht der Staat, sondern das Volk, die Gesellschaft. Wenn sie von einem Diktator oder einem Autokraten beherrscht und unterdrückt wird, dann ist es die Pflicht der internationalen Umwelt dieses Landes, der Gesellschaft, dem eigentlichen Souverän, zu Hilfe zu kommen. Wer von außen der Demokratisierung auszuhelfen versucht, interveniert nicht, weil er nicht gegen den Souverän, sondern für ihn tätig wird. Diese Einmischung ist nicht nur nicht verboten, sie ist geradezu geboten.«*[56]

---

52 Vgl. *Hardt/Negri,* op.cit. (Anm. 1), S. 181.

53 Vgl. Ernst-Otto *Czempiel,* Kluge Macht. Außenpolitik für das 21. Jahrhundert, München 1999, S. 225.

54 Vgl. op.cit., S. 148.

55 Vgl. op.cit., S. 85 f.

56 Vgl. op.cit., S. 137.

Darin artikuliert sich wie schon bei *Reisman* eine Umdeutung des Begriffs der Souveränität. Die These, dass sich Frieden und Recht in Form liberaler Demokratie (fast) ohne militärische Gewalt herstellen lassen, gilt allerdings vielfach als fraglich. Hanns W. *Maull* hat im Hinblick auf die Etablierung des Prinzips, dass »die Androhung und Anwendung militärischer Gewalt in der Austragung politischer Konflikte [...] ohne Unterscheidung von Innen- und Außenpolitik, mit Ausnahme der individuellen oder kollektiven Selbstverteidigung unzulässig sind«, für das Instrument einer gegenseitigen »Überwachung« plädiert. Wenn es zu Verstößen kommt, soll dies verbindliche Maßnahmen zu ihrer Durchsetzung nach sich ziehen. Dazu verweist er auf ein weites Spektrum wirtschaftlicher, sozialer und politischer Schritte, die »letztlich jedoch auch die Möglichkeit militärischer (Polizei-)Aktionen zur Wiederherstellung des Friedens einbeziehen müssen«.[57]

Das geht in eine Richtung, die laut *Hardt/Negri* symptomatisch für die Konstruktion des »Empire« ist, insoweit bezüglich der Regulierung von Gewaltandrohungen und -anwendungen keine Unterschiede mehr zwischen Innen- und Außenpolitik gemacht, Mechanismen einer Überwachung von Prinzipien nicht hierarchisch gedacht, Zwangsmaßnahmen durch das universale Ziel Frieden begründet und die betreffenden Gewaltaktionen nicht als Kriege, sondern als militärische (Polizei-)Aktionen bezeichnet werden.

> *»[O]n the one hand, war is reduced to the status of police action, and on the other, the new power that can legitimately exercise ethical functions through war is sacralized. [...] Empire is formed not on the basis of force itself but on the basis of the capacity to present force as being in the service of right and peace.«*[58]

3.2. Protektorate: Die notwendige Konsequenz der Intervention?

Obwohl die Begründungen für Interventionen und für letztlich auch militärische Aktionen zur Wiederherstellung des Friedens eine globale Reichweite beanspruchen, spielen offensichtlich national-/territorialstaatliche Kategorien nach wie vor eine wichtige Rolle. Dies zeigt sich schon, wenn der Staat den »Container« sowohl für das »Volk« (*Czempiel*) beziehungsweise »the people« *(Reisman)* als auch für »die Demokratie« bleibt, aber gerade auch nach einer militärischen Intervention. Mathias *Kamann* hat die weitergehende Logik unter dem Eindruck des Kosovo-Kriegs wie folgt beschrieben:

> *»[Wer] um der Menschenrechte willen die Autonomie von Staaten nicht achten mag, wer also verbrecherische Staaten militärisch angreift und sie dadurch bis zum Auseinanderbrechen schwächt, wer dann die Menschenrechte schützen und aus Furcht vor geopolitischen Verwerfungen und mörderischen Nationalitäten- oder Glaubenskriegen die Bildung neuer*

---

57 Vgl. Hanns W. *Maull,* Zivilmacht Bundesrepublik Deutschland. Vierzehn Thesen für eine neue deutsche Außenpolitik. in: *Europa-Archiv,* Nr. 10/1992, S. 269-278, hier S. 272.

58 Vgl. *Hardt/Negri,* op.cit. (Anm. 1), S. 12, 15.

> *Staaten bzw. den Anschluss bestimmter Gebiete an Nachbarstaaten vermeiden will - der muss, so er nicht nach dem Bombardement einfach wieder nach Hause gehen und die Ausgebombten sich selbst und ihren Bürgerkriegen überlassen will, Protektorate bilden.«*[59]

Kamann wendete sich allerdings gegen die Bildung von Protektoraten. »Die Subjekte der Welt sind Staaten. Folglich hat eine demokratische Außenpolitik deren Rechte zu achten.« Neben der Legalität bestritt er die Wirksamkeit militärischer Interventionen. Die »Waffen und Soldaten der NATO«, schrieb *Kamann,* lassen sich nicht dazu gebrauchen, »verbrecherische Regimes an Massakern zu hindern«. Sein Fazit lautete dann auch: »Wir können außerhalb unserer Grenzen nicht Menschenrechte schützen.«[60] Zugleich sah er die Sache so, dass es gar keinen Grund gibt, vor einer »Weltinnenpolitik« einschließlich der Bildung von Protektoraten zu warnen, da sie ohnehin niemand praktiziere, was er am Beispiel des Kuwait-Krieges verdeutlichte:

> *»Wozu hätte ein Einmarsch in Bagdad geführt? Zu einem westlichen Protektorat. Das nach Saddams Sturz entstandene Machtvakuum wäre so bald nicht zu füllen gewesen, Anhänger Husseins wären in den Untergrund gegangen und hätten das Land unsicher gemacht, die bis an die Zähne bewaffneten Guerilla-Gruppen wären aufeinander losgegangen, und die westlichen Truppen hätten immer noch ein halbes Jahr und noch ein halbes Jahr dort bleiben müssen. Wahrscheinlich säßen sie noch heute im Irak.«*[61]

Dies scheint eine recht treffende Prognose der aktuellen Lage, wenngleich keineswegs nur frühere Anhänger von *Saddam Hussein* das Land unsicher machen, wir heute wohl eher nicht von »westlichen« Truppen sprechen und die Konfliktlinien im Irak etwas anders verlaufen. Zutreffend scheint zudem die Diagnose, dass diejenigen, die im Namen der Menschenrechte handeln, nach dem (offiziellen) Ende der Kriegshandlungen nicht einfach wieder nach Hause gehen können, was auch für militärische Interventionen gilt, die nicht primär mit dem Schutz von Menschenrechten begründet wurden. Was wenige Jahre später unzutreffend erscheint, ist hingegen die Annahme, dass Protektorate nicht praktiziert werden. Damit meine ich nicht nur die schon tatsächlich erfolgte Einrichtung von Protektoraten etwa im Kosovo, in Ost-Timor oder in Afghanistan und im Irak, sondern auch die Vorbereitung zukünftiger Missionen durch einzelne Staaten, verschiedene regionale Organisationen und die UN.

Allerdings ist erneut der Begriff nicht eindeutig. So wird zwar das Wort Protektorat z.B. sowohl im Fall des Kosovo wie des Irak angewendet.[62] Einerseits wird es aber selten unterlassen, die Unterschiede zwischen diesen beiden Fällen zu unterstreichen,

---

59 Vgl. Mathias *Kamann,* Eine Weltinnenpolitik ohne Protektorate ist inkonsequent, in: *Die Neue Gesellschaft/Frankfurter Hefte,* Nr. 5/2000, S. 277-280, hier S. 278.

60 Vgl. op.cit., S. 279.

61 Vgl. op.cit., S. 277.

62 Vgl. Morton *Abramowitz,* A Tale of Two Protectorates, in: *Wallstreet Journal,* 13.11.2003.

während andererseits auch noch diverse andere Ausdrücke wie Besatzungsregime, Postinterventionsregime, Übergangsverwaltungen oder Treuhandschaft für Territorien verwendet werden, in denen militärisch interveniert wurde und die Intervenierenden oder andere externe Akteure staatliche Funktionen ausüben.

Interessant ist nicht zuletzt die Verwandtschaft der Begriffe Protektorat, Treuhandschaft und internationale Administration. Auf dem 22. Kongress der Deutschen Vereinigung für Politikwissenschaft wurde unter der Überschrift »Liberale Protektorate« die in den 1990er Jahren von Ulrich *Menzel* formulierte These einer Treuhandschaft aufgegriffen, die besagt, dass für gescheiterte Staaten, oder genauer: gescheiterte Entwicklungsländern, die Möglichkeit ernst genommen werden müsse, von außen zunächst ein Gewaltmonopol zu installieren und dann weitere Maßnahmen für eine langfristigen Stabilisierung zu initiieren. In anderen Worten geht es - mit flexiblen Akzentsetzungen - um eine Rekonstruktion von Staatlichkeit, ein »nation building« und einen Aufbau von Demokratie, wobei sich wiederum in den Begründungen Verweise auf die universellen Menschenrechte und die globale Sicherheit überlagern, die etwa noch um das Ziel einer Befriedung von Bürgerkriegen ergänzt werden.

3.3. Internationale Administrationen: Die Vorbereitung der Rückgabe von Souveränität?

Ein Hintergrund für die derzeit häufige Verknüpfung der Begriffe Treuhandschaft und internationale Administration könnte darin bestehen, dass sich so eine rechtliche Grundlage für eine Übernahme staatlicher Funktionen durch externe Akteure auf Basis der Charta der UN herstellen lässt, ohne (nur) auf Kapitel VII Bezug nehmen zu müssen, das ja auch immer unschärfer gebraucht zu werden droht. Denn Art. 77 sieht die Möglichkeit vor, freiwillig ein Territorium unter eine internationale Verwaltung zu stellen. Dies wird allerdings in Art. 78 eingeschränkt: »The trusteeship system shall not apply to territories which have become Members of the United Nations, relationship among them shall be based on respect for the principle of sovereign equality.« Das Prinzip der Treuhandschaft spielte vor allem im Prozess der Dekolonisierung eine Rolle, man könnte vielleicht sogar sagen, dass es dafür gedacht war, Gebiete in die politische Unabhängigkeit zu überführen.

Für einige Territorien lässt sich das Prinzip Treuhandschaft relativ problemfrei anwenden (z.B. Ost-Timor), für andere hingegen kaum (Afghanistan). Im Fall der durch Resolution 1244 des Sicherheitsrates eingerichteten »United Nations Mission in Kosovo (UNMIK)« könnte das Prinzip ebenfalls Anwendung finden, weil das Kosovo kein souveräner Staat war und ist. Die Zustimmung Jugoslawiens erfolgte allerdings unter dem Eindruck einer nicht durch den Sicherheitsrat mandatierten Gewaltanwendung. Für Debatten um die Legalität und Legitimität internationaler Administrationen können solche Differenzierungen hilfreich sein.[63]

---

63 Vgl. Eric *de Brabandere*, International Administration by the United Nations. Origins and Legal

Internationale Administrationen und die unter diesem Begriff subsumierten Praktiken werfen viele Fragen auf. Im so genannten »Brahimi-Bericht« werden die Aufgaben dieser Art von Mission wie folgt definiert: Sie

»muss Gesetze beschließen und vollziehen, Zolldienste einrichten und entsprechende Vorschriften erlassen, Steuern für Unternehmen und Einzelpersonen festsetzen und einziehen, ausländische Investitionen anlocken, in Streitigkeiten um Eigentumsrechte und in Haftungsfragen für Kriegschäden entscheiden, alle öffentlichen Versorgungseinrichtungen wiederaufbauen und betreiben, ein Bankensystem schaffen, Schulen betreiben und Lehrkräfte bezahlen und die Abfallentsorgung sicherstellen«.[64]

All dies geschieht tatsächlich durch »externe« Akteure. So hat der Hohe Repräsentant der UN für Bosnien unmittelbare Gesetzgebungsbefugnis. Zudem kann er ein Veto gegen politische Kandidaten einlegen und gewählte Mitglieder bosnischer Körperschaften aus ihren Ämtern entfernen, was auch vielfach geschah.[65] Ähnlich verhält es sich im Fall des Kosovo. Was jeweils fehlt, ist ein Forum der Verantwortlichkeit, in denen die Entscheidungen und Maßnahmen der internationalen Administration infrage gestellt oder gar zurückgewiesen werden können.[66] Insoweit könnte diese Form der (Regierungs-)Macht mit *Hardt/Negri*[67] vielleicht als »monarchische« Macht bezeichnet werden, die sie im Rahmen ihrer These einer globalen »Gemischten Konstitution« von »aristokratischen« (u.a. transnationale Konzerne) und »demokratischen« Mächten (u.a. Staaten und NROs) unterscheiden.

Ohne dies hier weiter ausführen zu wollen, lässt sich darüber hinaus beobachten, dass internationale Administrationen durch eine komplexe Verteilung von speziellen Funktionen und Zuständigkeitsbereichen gekennzeichnet sind. Im Fall Bosnien-Herzegowinas etwa werden in den Anhängen zum Vertrag von Dayton der NATO (militärische Aspekte), der OSZE (Wahlen, regionale Stabilisierung), dem Internationale Währungsfond (Zentralbank), der Europäischen Bank für Wiederaufbau und Entwicklung (öffentliche Unternehmen) und dem Europäischen Menschengerichtshof (Flüchtlinge und Zwangsumsiedlungen) bestimmte Aufgabenbereiche zugeteilt.[68]

Dies wirft insgesamt die Fragen auf, wer diese Autoritäten autorisiert und wie hier davon die Rede sein kann, dass »die Gesellschaft« der »demokratische Souverän« ist.

Basis, Paper for the Fifth Pan-European International Relations Conference, 2004; Niels *Van Willigen,* International Administration: Legal but Illegitimate?, Paper for the Fifth Pan-European International Relations Conference, 2004.

64 Vgl. den »Brahimi-Bericht«, Bericht der Sachverständigengruppe für die Friedensmissionen der Vereinten Nationen, über: <http://www.un.org/Depts/german/gv-sonst/gv-sonst.htm>, S. 28; die Zusammenfassung und Empfehlungen aus dem Bericht in: *IP,* Nr. 12/2000, S. 92–105.

65 Vgl. David *Chandler,* Bosnia. Faking Democracy after Dayton, London 2000; Reinhold *Vetter,* Bosnien-Herzegowina – vom Protektorat zum Partner?, in: *Osteuropa,* Nr. 4/2002, S. 476–490.

66 Vgl. *Van Willigen,* op.cit. (Anm. 63), S. 19 f.

67 Vgl. *Hardt/Negri,* op.cit. (Anm. 1), S. 304 ff.

68 Vgl. *Chandler,* op.cit. (Anm. 65).

Konkreter gefragt: Wer ist beispielsweise im Kosovo »das Volk«? Inwieweit können wir sagen, dass die Akzeptanz der internationalen Administration freiwillig war? Wer entscheidet darüber, ob es entweder einen eigenen Staat Kosovo geben oder das Gebiet zum souveränen Staat Serbien und Montenegro gehören soll? Wem sind Übergangsverwaltungen verantwortlich? Was ist, wenn Intervenierende es nicht schaffen, ein Gewaltmonopol herzustellen, wie es sich im Irak abzeichnet, könnte oder müsste dann nicht die internationale Gemeinschaft intervenieren und ein Protektorat errichten? Wer soll dazu seine Zustimmung geben?

All solche Fragen scheinen aber diejenigen, die im Namen eines souveränen Staates sprechen und handeln, und die Souveränität anderer Staaten im Namen »der Bevölkerung« dieses Staates oder der universellen Gerechtigkeit mit Gewalt außer Kraft setzen, wenig zu interessieren. Souveränität, Freiheit all dies kann von einer Hand in die andere wechseln, wie ein Autoschlüssel, den man zuvor dem gefährlichen Fahrer entrissen hat.

> *»15 months after the liberation of Iraq, and two day ahead of schedule, the world witnessed the arrival of a free and sovereign Iraqi government. Iraqi officials informed us that they are ready to assume power, and Prime Minister Allawi believes that making this transition now is best for his country. After decades of brutal rule by a terror regime, the Iraqi people have their country back. [...] Today, at the moment sovereignty was transferred, the Mission of the Coalition Provisional Authority came to an end.«*[69]

4. Ausblick

Es war wie in der Einleitung angekündigt keine Kritik von *Hardt/Negri* beabsichtigt, wie es auch nicht das Ziel war, Feststellungen darüber zu treffen, welche Begriffe die richtigen sind. So lassen sich unbestritten Argumente für und gegen den traditionellen Souveränitätsbegriff vorbringen. Abschließend will ich noch einige Differenzen von »Empire« im Vergleich zu den skizzierten aktuellen Umdeutungen von Souveränität herausstellen.

Erstens werden »das Volk« oder »the people« häufig nach wie vor als Bevölkerung eines Staates und damit als Einheit begriffen. »We should note that the concept of the people is very different from that of the multitude. [...] Whereas the multitude is an inconclusive constituent relation, the people is a constituted synthesis that is prepared for sovereignty. The people provides a single will and action that is independent of and often in conflict with the various wills and actions of the multitude.«[70]

Zweitens werden die Ursachen von ökonomischen Krisen, gesellschaftlichen Turbulenzen, Bürgerkriegen, usw. tendenziell von vornherein innerhalb nationalstaatlicher

---

69 Vgl. George W. *Bush,* President Bush Discusses Early Transfer of Iraqi Sovereignty, <http://www.whitehouse.gov/news/releases/2004/06>.

70 Vgl. *Hardt/Negri,* op.cit. (Anm. 1), S. 103.

und territorial begrenzter Gesellschaften verortet. Dass Ressourcen heute in globalen sozialen Beziehungen mobilisiert und verteilt werden, die, worauf *Hardt/Negri* uns hinweisen, durch vielfältige Ungleichheiten, flexible Ein- und Ausschließungen und komplexe Herrschaftsbeziehungen gekennzeichnet sind, gerät dann aus dem Blick. Die Experten etwa der Weltbank oder des Internationalen Währungsfonds beschränken ihre Tätigkeit ja keineswegs auf Territorien mit einer internationalen Administration.

Drittens scheint die Möglichkeit weitgehend außen vor zu bleiben, dass diejenigen, die intervenieren bzw. intervenieren sollen, an der Hervorbringung der Bedrohungen und Gewalt, die es zu beseitigen gilt, beteiligt sind. Das kann schon anhand einer simplen Interaktion in der Form erläutert werden, dass eine permanente, ein weites Spektrum potentieller Anlässe bzw. Gewaltbegründungen beinhaltende Interventionsandrohung leicht als Bedrohung und Begründung für (Gegen)Gewalt präsentiert werden kann, etwa in Gestalt eines Strebens nach Massenvernichtungswaffen. Das heißt aber mit *Hardt/Negri* zugleich von ebenso schlichten umgekehrten Repräsentationen Abschied zu nehmen, in denen »der Westen« oder »die USA« die einseitige Quelle von Gewalt sind.

Viertens erinnern *Hardt/Negri* an die mit dem Begriff der Souveränität verbundene Frage beziehungsweise Problematik der »Ausnahme« und der »Entscheidung«, und dies erscheint mir angebracht, wenn Gewalt im Namen eines globalen »rule of law« oder einer »universellen Gerechtigkeit« gerechtfertigt und ausgeübt wird. Wie es William *Rasch* mit Bezugnahme auf Carl *Schmitt* zugespitzt hat: »[...] the liberal denial of sovereignty necessarily prompts the paradoxical query: What or which sovereign power determines that there will be no sovereign power?«[71] Anders gesagt ist auch die liberale Theorie, nach der Souveränität auf einem Konsens beruht, der laut dieser Theorie durch die liberale Demokratie und die liberale Marktwirtschaft verwirklicht ist, eine Entscheidung.

71 Vgl. William *Rasch*, A Completely New Politics, or, Excluding the Political? Agamben's Critique of Sovereignty, in: *Soziale Systeme*, Nr. 1/2002, S. 38–53, hier S. 42.

Zwischen Hoffen und Bangen

Die amerikanische China-Perzeption der Jahre 1993 bis 2004

Jan C. Irlenkaeuser

1. Einleitung[1]

Die Stellung der USA in der gegenwärtigen Welt ist unangefochten. Doch wird dies auf Dauer der Fall sein, oder werden neue Mächte auf der internationalen Bühne erscheinen? China - eine Nation im Aufbruch, die in den vergangenen zwei Dekaden eine bisher noch nicht gekannte wirtschaftliche und damit verbunden auch politische Entwicklung vollzogen hat - wird in diesem Zusammenhang in der amerikanischen Literatur häufig als ein möglicher Herausforderer der USA angesehen. Dies ist jedoch nicht unumstritten und so hat sich in den vergangenen Jahren eine kontroverse Debatte in den USA entwickelt zwischen jenen, die einen Konflikt zwischen den USA und der VR China für möglich, wenn nicht gar für wahrscheinlich halten (z.B. Ross *Munroe* und Richard *Bernstein*[2], Denny *Roy*[3] oder Steven *Mosher*[4]) und jenen, die die Zukunft der bilateralen Beziehungen in einer friedlichen Zusammenarbeit sehen, welche natürlich nicht von Spannungen frei sein werden (David *Lampton*[5], Ralph *Cossa*[6], David *Shambaugh*[7] oder Bates *Gill*[8]).

Welche dieser Entwicklungen tatsächlich eintreten könnte, wird neben der innenpolitischen Entwicklung der VR China maßgeblich auch davon abhängen, wie die außen-

1 Diese Beitrag basiert in starkem Maße auf: Jan C. *Irlenkaeuser,* Einhegung oder Kooperation - Die amerikanische China-Politik unter Clinton und Bush, Frankfurt 2005.

2 Vgl. Richard *Bernstein,* Ross H. *Munro,* The Coming Conflict with China, New York 1997.

3 Vgl. Denny *Roy,* Hegemon over the Horizon? - China's Threat to East Asian Security, in: *International Security,* Nr. 1/1994, S. 149-168.

4 Vgl. Steven W. *Mosher,* Hegemon - China's Plan to Dominate Asia and the World, San Francisco 2000.

5 Vgl. David M. *Lampton,* Same Bed Different Dreams, Berkeley, Los Angeles, London 2001; ders., China's Foreign and National Security Policy-Making Process: Is it Changing and does it Matter?, in: *Lampton* (Hrsg.),The Making of Chinese Foreign and Security in the Era of Reform 1978-2000, Stanford 2001, S. 1-38.

6 Vgl. Ralph *Cossa,* Can Sino-U.S. Relations be Salvaged?, in: *PacNet-Newsletter,* Nr. 20/1999, 21.5.1999, <http://www.csis.org/pacfor/pac2099.html>; ders., Cross-Straits Relations: Now What?, in: *PacNet-Newsletter,* Nr. 28/1999, 16.7.1999, <http://www.csis.org/pacfor/pac2899.html>; ders., Bush Asia Policy off a Rocky Start, in: *Comparative Connection,* Nr. 1/2001, <http://www.csis.org/pacfor/cc/0101Qoverview.html>.

7 Vgl. David *Shambaugh,* China's Military, Real or Paper Tiger, in: *Washington Quarterly,* Nr. 2/1996, S. 19-38; *Shambaugh,* Modernizing China's Military: Progress, Problems and Prospects, Berkeley, Los Angeles 2002.

8 Vgl. Bates *Gill,* Limited Engagement, in: *Foreign Affairs,* Nr. 4/1999, S. 65-76; ders., September 11 and Northeast Asia Change and Uncertainty in Regional Security, in: *Brookings Review,* Nr. 3/2002, S. 4-46.

und sicherheitspolitische Elite der USA die Entwicklung der Volksrepublik China perzipiert. Dies wird konstitutiv nicht nur für die amerikanische China-Politik, sondern auch darüber hinaus für die gesamte Außen- und Sicherheitspolitik der Vereinigten Staaten sein. Gegenstand der folgenden Untersuchung soll die China-Perzeption in den USA, sowohl die politische als auch die politikwissenschaftliche, in den Jahren 1993 bis 2004 (Regierungszeit von Bill *Clinton* und ersten Amtszeit von George W. *Bush)* sein. Zunächst wird die Entwicklung der bilateralen Beziehungen und ihrer Rezeption in der politischen Debatte dargestellt, daran anschließend werden die Großdenkschulen der amerikanischen China-Debatte umrissen, um dann abschließend die China-Perzeption der Clinton- und Bush-Administrationen zu analysieren.

2. Die politischen Beziehungen zwischen den USA und der Volksrepublik China in der jüngeren Vergangenheit

Die Bewertung der chinesischen Politik erfolgt vor dem Hintergrund der Entwicklung der amerikanisch-chinesischen Beziehungen innerhalb der vergangenen Jahre. Hierbei lässt sich ein qualitativer Wandel nach dem Ende des Kalten Krieges feststellen, der sich besonders im Ende der strategischen Partnerschaft und in der zunehmenden wirtschaftlichen und politischen Bedeutung der VR China auf der internationalen Bühne zeigte.

Allgemein wird die Entwicklung der sino-amerikanischen Beziehungen seit dem Ende des Kalten Krieges in der Literatur als wechselhaft und von erheblichen Spannungen respektive Konfliktpotenzialen geprägt beschrieben. So wurden die Beziehungen als ewiges Auf und Ab gesehen, bei dem sich keine festen Entwicklungstendenzen - weder zum Guten noch zum Schlechten - ablesen lassen.[9] Die häufigen Umschwünge im Verhältnis der beiden Mächte stellen jedoch eines der Wesenselemente der Interaktion zwischen Washington und Peking dar und sollten nicht über Gebühr problematisiert werden. Die Probleme in den bilateralen Beziehungen deuteten darauf hin, dass die USA und China weder einen langfristigen Modus vivendi noch gemeinsame Interessen von strategischer Bedeutung hatten, die solche Spannungen eingrenzen würden. Als Ursachen werden hierfür neben unterschiedlichen Interessen und Werten vorhandenes Misstrauen und die verschiedenen politischen Grundausrichtungen angesehen.[10] Jedoch bedeutet dies nicht zwangsläufig Feindschaft, sondern vielmehr eine strategische Rivalität in wichtigen Problemkreisen, wie z.B. der Taiwan-Frage.[11]

---

9 Vgl. hierzu Dennis *van Vracken Hickey,* Taiwan's Security in the Changing International System, Boulder, CO, 1996, S. 71.

10 Vgl. Henry A. *Kissinger,* Does America Need a Foreign Policy, New York 2001, S. 136; Ralph *Cossa,* Sino-US Relations - In search for a new slogan, in: *PacNet-Newsletter,* Nr. 29A/2001, 20.7.2001 <http://www.csis.org/pacfor/pac0129A.htm>; David M. *Lampton,* op.cit. (Anm. 5), S. 31.

11 Vgl. June Teufel *Dreyer,* U.S.-China Security Relations: Past, Present, and Future, in: *Issues and Studies,* Nr. 4/2000, S. 35-66.

Gerade deshalb wird eine Kooperation von vielen als notwendig erachtet, da die Kosten einer Konfrontation den Nutzen bei weitem übersteigen würden.[12]

In Anlehnung an David *Lampton* lassen sich fünf Schlüsselbegebenheiten für die sino-amerikanischen Beziehungen seit 1989 identifizieren:[13]

1. die Ereignisse auf dem Platz des Himmlischen Friedens (1989),
2. die Entkoppelung der Menschenrechtsfrage von jener der Handelsvergünstigungen (1994),
3. die Beinahe-Konfrontation in der Taiwan-Straße (1995/1996),
4. die versehentliche Bombardierung der chinesischen Botschaft in Belgrad (1999) sowie
5. der 11. September (2001).[14]

In der wissenschaftlichen Diskussion in den USA sind die politischen Entwicklungen in den sino-amerikanischen Beziehungen immer aufgegriffen worden und haben diese befruchtet. So kann in Anlehnung an Scott *Kennedy* von der Universität Indiana diese Chronologie der politischen Ereignisse in Verbindung gesetzt werden mit der politischen und politikwissenschaftlichen Debatte:[15]

1. Die Ereignisse auf dem Platz des Himmlischen Friedens vom Juni 1989. Sie führten zu einer deutlichen Emotionalisierung und einer verstärkten Einflussnahme von innenpolitischen Interessengruppen, den USA auf die bilateralen Beziehungen, was einen deutlichen und nachhaltigen Einfluss auf die politische und akademische Debatte hatte.[16] Wenngleich dieses Ereignis nicht in den eigentlichen Untersuchungszeitraum fällt, so waren seine Auswirkungen jedoch auch Jahre später noch in der amerikanischen China-Politik spürbar und führten zu einer weit verbreiteten Ablehnung der kommunistischen Staats- und Parteiführung, sowohl unter linken als auch unter konservativen Beobachtern.

2. Die Entkoppelung der Menschenrechtsfrage von jener der Handelsvergünstigungen für die VR China durch Präsident *Clinton* im Jahre 1994 markierte den Wandel

---

12 Vgl. David *Shambaugh*, The United States and China: Cooperation or Confrontation, in: *Current History*, Nr. 611/1997, S. 241-245; Chuck *Hagel*, Testimony of Senator Chuck Hagel - U.S.-China Security Review Commission, 14.6.2001, <http://www.uscc.gov/hagel.pdf>.

13 Es ist auch bei der Darstellung dieser Entwicklung notwendig, die Ereignisse von 1989 mit in die Analyse einzubeziehen, da sie auch weiterhin nachhaltig die Politik der USA und besonders die Wahrnehmung Chinas in den Vereinigten Staaten prägen.

14 Vgl. David M. *Lampton*, op.cit. (»Same Bed ...«, Anm. 5), S. 17-63. Die fünfte Schlüsselbegebenheit wurde vom Verfasser der Chronologie von *Lampton* hinzugefügt.

15 Vgl. Scott *Kennedy* (Hrsg.), China Cross Talk - The American Debate Over China Policy Since Normalization: A Reader, Lanham, MD, et al. 2003, S. VII-XI.

16 Vgl. Kenneth *Lieberthal*, U.S. Policy toward China, in: *Brookings Policy Brief*, Nr. 72, März 2001, S. 1.

von einer idealistischen hin zu einer realistischen China-Politik der Clinton-Administration. Der Erhaltung und Schaffung von amerikanischen Arbeitsplätzen wurde entgegen den Aussagen im Wahlkampf 1992 eine höhere Priorität eingeräumt als der Menschenrechtslage in China. Diese Politik wurde auch sehr deutlich in der politischen Debatte reflektiert. Gleichzeitig waren auch zunehmend warnende Stimmen zu vernehmen, die sich mit den Auswirkungen eines stärkeren Chinas auf die USA beschäftigten. »But economic growth and changed strategic circumstances have already made China's increasing power a potential threat to U.S. interests.«[17]

3. Die Beinahe-Konfrontation zwischen beiden Staaten in der Taiwan-Straße 1995/1996 führte zu eine kurzfristigen Verhärtung in den bilateralen Beziehungen. Die USA hatten nach chinesischen Drohgebärden gegenüber Taiwan Verbände der US-Navy in die Seegebiete um Taiwan entsandt, um die VR China von einer Aggression gegen Taiwan abzuhalten. Die Krise um Taiwan wurde aufgrund des ihr innewohnenden Risikos einer direkten, bewaffneten Eskalation als der dramatischste Moment in den bilateralen Beziehungen der jüngeren Vergangenheit wahrgenommen. Der Eskalation 1995/1996 wird die Funktion einer Wendemarke in den bilateralen Beziehungen zugeschrieben, deren Auswirkungen dauerhafte Konsequenzen auf die Entwicklung des Verhältnisses beider Staaten zueinander hatten.[18] So kam Harry *Harding* zum Ergebnis, dass diese Ereignisse positive Auswirkungen auf die weitere Entwicklung der Beziehungen gehabt hätten, da sie Washington und Peking das immanente Risiko einer solchen Politik aufgezeigt und zu einer Mäßigung geführt hätten.[19] Die politische Debatte zeigte in diesem Bereich jedoch teilweise andere Züge. So waren in dieser Zeit zunehmende Sorgen über China zu erkennen. Die Diskussion wurde besonders von Fragen der Handelsbeziehungen und der Sicherheitspolitik, der Entwicklung des chinesischen Militärs sowie der Taiwan- und der Proliferationspolitik geprägt. Gerade in dieser Debatte zeigten sich sehr deutlich die Unterschiede zwischen realistischen und liberalen Grundausrichtungen, allgemein in der Außen- und Sicherheitspolitik der USA sowie im Speziellen in der China-Politik.

4. Die unbeabsichtigte Bombardierung der chinesischen Botschaft in Belgrad während des Kosovo-Krieges 1999 führte zu erheblichen Spannungen in den Beziehungen, besonders durch die heftigen, durch Nationalismus geschürten Reaktionen in China.[20] Zugleich wurde China durch den Zwischenfall in Belgrad erstmalig zu einem politischen Akteur bei einer militärischen Auseinandersetzung in Europa.

---

17 Vgl. Thomas *McNaugher,* A strong China. Is the United States Ready?, in: *Brookings Review,* Nr. 4/1994, S. 14-19.

18 Vgl. Robert S. *Ross,* The 1995-96 Taiwan Strait Confrontation - Coercion, Credibility and the Use of Force, in: *International Security,* Nr. 2/2000, S. 87-88.

19 Vgl. Harry *Harding,* The Clinton-Jiang Summits: An American Perspective, in: Scott *Kennedy* (Hrsg.), op.cit. (Anm. 15), S. 179.

20 Vgl. Stephen J. *Yates,* No Concessions to China After the Mistaken Embassy Bombing, Heritage

5. Der 11. September und der weltweite Kampf gegen den Terrorismus. Die Regierung in Peking spielte nach den Ereignissen von Washington und New York eine konstruktive, wenngleich beschränkte Rolle in der Operation bei der Koalition gegen den Terror. Die VR China akzeptierte offenbar die amerikanische Truppenpräsenz in Zentralasien im Rahmen der Operation »Enduring Freedom«. Dies dürfte mit Interessenkongruenzen in der Auseinandersetzung mit islamistischen Terroristen und einer mangelnden Konfrontationsbereitschaft Pekings zu erklären sein.[21] Ob sich jedoch, wie von verschiedenen Autoren angenommen, eine neue strategische Partnerschaft konstituiert, muss bezweifelt werden. Dennoch lassen sich positive Entwicklungen in der amerikanischen China-Wahrnehmung erkennen. So hat sich die Bedrohungsperzeption der USA massiv verschoben. Terrorismus und nicht mehr die mögliche Bedrohung durch China stehen im Mittelpunkt der politischen und politikwissenschaftlichen Diskussion.[22]

Es zeigt sich somit, dass sich die Debatte in der amerikanischen China-Politik in einem kontinuierlichen Wandlungsprozess befand, der in starkem Maße von der allgemeinen sicherheitspolitischen Entwicklung – wie dem Ende des Kalten Krieges oder dem 11. September 2001 – sowie von speziellen Ereignissen in den sino-amerikanischen Beziehungen beeinflusst wurde. Dennoch spielen politisch-theoretische Konzeptionen eine nicht zu unterschätzende Rolle im Diskussionsprozess über China sowie in der Ausgestaltung der Politik. Teilweise waren die Themen in der politischen und politikwissenschaftlichen Debatte deckungsgleich, teilweise gingen diese jedoch auch deutlich auseinander.

Abb. 1: Synopse politische Ereignisse und Entwicklungen sowie wissenschaftliche Debatte

Zeitraum	Politische Ereignisse und Entwicklungen	Politische Debatte
1989–1992	Ereignisse auf dem Tiananmen-Platz und politische Folgen	Ereignisse auf dem Tiananmen-Platz
1993–1995	Entkoppelung der Menschenrechtsfrage von Handelsvergünstigungen	Versuch einer neuen China-Strategie
1995–1999/ 2000	Beinahe-Konfrontation in der Taiwan-Straße und Bemühungen einer Neuausrichtung der China-Politik	Zunehmende Sorge über die chinesische Entwicklung. Aufkommen der so genannten »China Threat«-Debatte
1999	Zufällige Bombardierung der chinesischen Botschaft in Belgrad	
Januar bis September 2001	China als strategischer Konkurrent	Neuerliche Debatte über Ziele der US-China-Politik
Nach dem 11. September 2001	Anschläge vom 11. September 2001 und der Kampf gegen den Terrorismus, besonders in Südost- und Zentralasien	China als Partner im Kampf gegen den Terrorismus

Foundation, Executive Memorandum, Nr. 600/1999, 28.5.1999, <http://www.heritage.org/Research/AsiaandthePacific/EM600.cfm>.

21 Vgl. Denny *Roy*, China and the War on Terrorism, in: *Orbis*, Nr. 3/2002, S. 511–521.

22 Vgl. Mohan *Malik*, Dragon on terrorism: Assessing China's tactical gains and strategic losses post

3. Denkschulen in der amerikanischen China-Debatte

Außen- und sicherheitspolitisches Handeln bewegt sich stets im Rahmen von kulturellen und politisch-theoretischen Konzeptionen, welche bewusst oder unbewusst das Handeln der Akteure beeinflussten. So formulierte dies der amerikanische Politikwissenschaftler Joseph S. *Nye* im Jahre 1990: »Theories and historical analogies are not just academic; they color our view of the world.«[23] Dies gilt auch für den Diskurs über die zukünftige Entwicklung Chinas und die aus diesen abgeleiteten Politikkonzepten.

Es zeichnen sich in der amerikanischen Debatte über die künftige Entwicklung sehr klar zwei unterschiedliche China-Bilder ab. Auf der einen Seite, von liberalen Theorien geprägt, das Bild eines sich positiv entwickelnden Chinas, das sich auf dem Weg zu einer liberaleren politischen Verfassung, eventuell sogar einer Demokratie befindet und von welchem keine Bedrohung für die USA ausgeht, da eine aggressive Politik mehr Schaden als Nutzen anrichten würde. Langfristig werden Kooperation und konstruktiver politischer Wettbewerb als Form der Interaktion zwischen den USA und China erwartet. Auf der anderen Seite eine pessimistische, auf realistische Gesichtspunkten basierende Einschätzung Chinas, die nicht positiv ausfällt. Ein chinesisches Streben nach Macht wird als geradezu automatische Reaktion auf die amerikanische Machtposition angesehen. Zwar existieren auch institutionalistische, konstruktivistische oder neokonservative Ansätze in der amerikanischen China-Debatte, jedoch haben diese bei weitem nicht jene Bedeutung, wie die realistische und die liberale Sichtweise und sollen deshalb an dieser Stelle nicht untersucht werden.

Die Denkschulen der US-China-Politik sollen im Folgenden anhand von fünf Analysekriterien untersucht werden:

- Die entwickelte Potenzialanalyse Chinas,
- die Schwerpunkte der Analyse der chinesischen Entwicklung,
- die Ziele der US-Politik gegenüber China aus einer geo- und ordnungspolitischen Perspektive,
- der Politikansatz und die anvisierte Vorgehensweise sowie
- die Politikempfehlungen für die US-China-Politik.

Weitgehend Einigkeit besteht in der politischen und politikwissenschaftlichen Debatte in den USA, dass die Volksrepublik China in den vergangenen Jahren, dem Beginn der Reformära unter *Deng Xiaoping* 1978, eine bisher nicht gekannte wirtschaftliche Entwicklung vollzogen hat. Jedoch unterscheiden sich die in der amerikanischen China-Debatte hieraus gezogenen Schlussfolgerungen für die USA sehr erheblich.

September 11, Carlisle 2002, S. 16.

23 Vgl. Joseph S. *Nye,* Bound to Lead – The Changing Nature of American Power, New York 1990, S. 21.

3. Die realistische Schule

Kern dieser Denkschule ist die Einschätzung, dass von einem weiteren Aufstieg Chinas auf der Weltbühne ausschließlich negative politische und vor allem sicherheitspolitische Folgen für die USA erwartet werden, die es somit zu verhindern gilt. Diese auch als »China Threat-Thesis« bekannt gewordene Ansicht hat besonders bei konservativen Politikern, Publizisten und Wissenschaftlern seit dem Ende des Kalten Krieges großen Widerhall gefunden; so z.B. bei den Senatoren Jesse *Helms*[24] und Jon *Kyl*[25], den Journalisten und Publizisten Bill *Gertz,* Charles *Krauthammer*[26] und Gideon *Rachman*[27]. Die Ansicht, dass eine »Containment«-Strategie für die USA notwendig werden könne, vertreten in der wissenschaftlichen Literatur u.a. Denny *Roy*[28], Richard *Bernstein* und Ross *Munro*[29], Peter T. R. *Brooks*[30] sowie Nicholas *Kristof.*[31]

Im Mittelpunkt dieser Überlegungen steht, Bezug nehmend auf die realistische Theorie der internationalen Beziehungen, die Auffassungen, dass Staaten stets nach einer Ausweitung ihrer relativen Macht gegenüber möglichen Konkurrenten streben. China - so wird unterstellt - verfüge über den Willen, die USA aus der asiatisch-pazifischen Region zu verdrängen. Dabei wird der Volksrepublik das Potenzial zugebilligt, zu einem gleichrangigen Herausforderer (»Peer Competitor«) für die USA zu werden. Dies könnte das Kräftegleichgewicht in Ostasien, ggf. sogar darüber hinaus, nachhaltig und nachteilig für die USA verändern.

Die wirtschaftliche Entwicklung Chinas wird als ein Risiko betrachtet, da angenommen wird, dass China auf diese Weise über neue bzw. zusätzliche Ressourcen verfügen wird, die es sicherheitspolitisch einzusetzen bereit sein könnte. Besonders die Kombination von steigender wirtschaftlicher Leistungsfähigkeit, zusätzlicher technisch-industrieller Kapazitäten und wissenschaftlichen Kompetenzen sowie des Bevölkerungspotenzials von ca. 1,3 Mrd. Menschen wird als Gefahr für die USA wahrgenommen.[32]

---

24 Vgl. Jesse *Helms,* Giving Permanent Normal Trade Relations Status to Communist China: National Security Implications, 18.7.2000, <http://usinfo.org/usia/usinfo.state.gov/regional/ea/uschina/helms18a.htm>; ders., Defending Taiwan, in: *Washington Times,* 9.1.2001, <http://usinfo.org/usia/usinfo.state.gov/regional/ea/uschina/helms09.htm>.

25 Vgl. Jon *Kyl,* China's Military Policy, Senate, 30.3.2001, <http://usinfo.org/usia/usinfo.state.gov/regional/ea/uschina/kylchina.htm>.

26 Vgl. Charles *Krauthammer,* Why we must Contain China, in: Scott *Kennedy* (Hrsg.), op.cit. (Anm. 15), S. 165-167.

27 Vgl. Gideon *Rachman,* Containing China, in: *Washington Quarterly,* Nr. 1/1996, S. 129-140.

28 Vgl. Denny *Roy,* Hegemon over the Horizon, China's Threat to East Asian Security, in: *International Security,* Nr. 1/1994, S. 149-168.

29 Vgl. Richard *Bernstein,* Ross *Munro,* The Coming Conflict with China, New York 1997.

30 Vgl. Peter T. R. *Brooks,* Strategic Realism - The Future of U.S.-China Security Relations, in: *Strategic Review,* Nr. 3/1999, S. 53-56.

31 Vgl. Nicholas *Kristof,* The Rise of China, in: *Foreign Affairs,* Nr. 6/1993, S. 18-31.

32 Vgl. u.a. Paul *Dibb,* Toward a New Balance of Power in East Asia, Adelphi Paper Nr. 295, Oxford 1995; Gerald *Segal,* East Asia and the Constrainment of China, in: *International Security,* Nr. 4/1996, S. 108.

Die Schwerpunkte der Analyse der chinesischen Entwicklung liegen jedoch auf der Bewertung der so genannten »Hard Power«, d.h. vor allem der militärischen Entwicklung respektive der militärischen Entwicklungspotenziale der Volksrepublik China. Besondere Beachtung finden in dem Zusammenhang die Entwicklungen bei Luftwaffe, Marine – und der so genannten Zweiten Artillerie (der Raketentruppe), die es den chinesischen Streitkräften ermöglichen könnte, Macht zu projizieren. Neben der allgemeinen Professionalisierung der Streitkräfte werden vor allem die Bemühungen zum Aufbau einer glaubwürdigen nuklearen Zweitschlagsfähigkeit sowie Rüstungsimporte aus Russland und anderen Staaten der ehemaligen UdSSR als Probleme für die amerikanischen Sicherheitsinteressen verstanden; so beispielsweise die Beschaffung von modernen Lenkwaffenzerstörern der Sovremennyj-Klasse oder von Sukhoj-27-Kampfflugzeugen sowie weitere Verbesserung in den Bereichen Ausbildung und Ausrüstung des Heeres.[33] Jedoch wird nicht angenommen, dass China gegenwärtig und auf mittlere Zukunft über das Potenzial verfügen könnte, die militärische Vorherrschaft der USA im asiatisch-pazifischen Raum Erfolg versprechend zu bedrohen.

Die anvisierten Ziele für die US-Politik gegenüber China, die sich aus dieser grundsätzlichen Einschätzung ergeben, sind in erster Linie die Aufrechterhaltung des Status quo der amerikanischen Vormachtstellung. Somit handelt es sich um eine im eigentlichen Wortsinn »konservative« Politik, die auf die Bewahrung des Bestehenden ausgerichtet ist.

Zur Umsetzung dieser Ziele setzen die Vertreter dieser Denkschule auf eine Politik der direkten Beeinflussung der chinesischen Sicherheitspolitik, die durch die Setzung des internationalen politischen Rahmens erfolgen soll. Auf diese Weise soll versucht werden, das sicherheitspolitische Verhalten der Volksrepublik China von außen gezielt zu beeinflussen. Der Volksrepublik soll deutlich gemacht werden, dass die Kosten einer gegen die USA gerichteten Politik den möglichen Nutzen bei weitem übersteigen würden. Der chinesischen Regierungsform und etwaigen Reformen derselben kommt hierbei nur eine untergeordnete Rolle zu. Dies bedeutet, dass auch eine Demokratisierung Chinas, anders als beispielsweise bei den Anhängern der Theorie vom demokratischen Frieden, nach dieser Auffassung keine oder kaum positive Folgen für die Sicherheit der USA haben würde.[34] Vielmehr wird sogar teilweise die These vertreten, dass eine chinesische Regierung der Übergangsphase, von der Diktatur zur Demokratie, eine aggressivere und nationalistischere Politik verfolgen könnte als die gegenwärtige Regierung.

In der operativen Ausgestaltung der Politik bedeutet dies im Allgemeinen, dass auf allen politischen Ebenen jedem Prestigegewinn der VR China entgegenzutreten sei

---

33 Vgl. Charles F. *Hawkins,* The People's Liberation Army looks to the Future, in: *Joint Forces Quarterly,* Nr. 25/2000, S. 15.

34 Vgl. George *Gilboy,* Eric *Heginbotham,* China's coming Transformation, in: *Foreign Affairs,* Nr. 4/2001, S. 26-39.

(z.B. bei der Vergabe olympischer Spiele oder einer Fußballweltmeisterschaft) und im Speziellen, dass auf einer sicherheitspolitischen Ebene jedem Versuch der Volksrepublik außerhalb ihrer Grenzen Macht auszuüben oder zu projizieren, entschieden entgegenzuwirken sei. Dies bedeutet jedoch keinesfalls eine Bereitschaft zum Krieg mit der VR China, sondern setzt vielmehr auf Abschreckung.

Als Antwort auf die mit China verbundenen Herausforderungen wird eine Politik des Containment, d.h. Eindämmung, der Volksrepublik gefordert.[35] Kern dieser Strategie ist die Verhinderung jedes, auch relativen Machtzuwachses für China. Hierbei kommt der Aufrechterhaltung einer glaubwürdigen amerikanischen Truppenpräsenz in der asiatisch-pazifischen Region ebenso eine wichtige Bedeutung zu wie der Aufrechterhaltung bzw. dem Ausbau der qualitativen Überlegenheit der amerikanischen Streitkräfte über jene der Volksrepublik China. Zusätzlich würde dies vor allem bedeuten, dass die USA ihre Bündnisse mit Staaten wie Japan und Südkorea ausbauen- und die inoffiziellen Beziehungen zu Taiwan auf eine neue Grundlage stellen müssten. Eine offensive Strategie des »Roll Back«, also der Zurückdrängung des bereits erreichten chinesischen Machtzuwachses, ist in der Regel nicht vorgesehen.

Allerdings sollte diese geforderte Politik des Containments nicht mit jener Politik der Eindämmung verwechselt werden, die die USA während des Kalten Krieges gegenüber der UdSSR verfolgt hatten. Vielmehr wird eine Neudefinition dieser Konzeption erforderlich sein, die gegenwärtig bestenfalls in Umrissen zu erkennen ist. Ökonomische Gesichtspunkte dürften hierbei eine wichtige Rolle spielen. Jedoch dürften besonders wirtschaftliche Druckmittel sowohl innen- wie außenpolitisch für die US-Regierung sich als schwer umsetzbar und durchführbar erweisen. Das heißt eine wirtschaftliche Eindämmungspolitik würde vermutlich nur in selektiven Bereichen (z.B. High-Tech) erfolgen. Insofern sollte eher von »neo-containment« gesprochen werden.

3.2 Die liberale Schule

Von Vertretern der liberalen Perspektive in der wissenschaftlichen Literatur u.a.: Ralph *Cossa*[36], David M. *Lampton*[37], David *Shambaugh*[38] sowie Alastair Iain *Johnston* und Robert S. *Ross*[39], wird der Aufstieg Chinas als Chance für die USA und die Welt begriffen, ohne jedoch bestehende Probleme, wie z.B. die Taiwan-Frage, zu negieren.

35 Vgl. Bill *Gertz*, The China Threat, in: Scott *Kennedy* (Hrsg.), op.cit. (Anm. 15), S. 195.

36 Vgl. *Cossa*, Can Sino-U.S. Relations be Salvaged?, in: *PacNet Newsletter*, Nr. 20/1999, 21.5.1999, <http://www.csis.org/pacfor/pac2099.html>.

37 Vgl. David M. *Lampton*, op.cit. (»Same bed ...«, Anm. 5).

38 Vgl. David *Shambaugh*, Engagement of China - Calculating Beijing's Response, in: *International Security*, Nr. 2/1996, S. 180-191.

39 Vgl. Alastair Iain *Johnston*, Robert S. *Ross* (Hrsg.), Engaging China - the Management of an Emerging Power, London 1999.

Dies leitet sich vor allem aus der wirtschaftlichen und der daraus erhofften positiven politischen Entwicklung der Volksrepublik ab.

Elemente des republikanischen, des ökonomischen und des soziologischen Liberalismus spiegeln sich in der Bewertung der chinesischen Entwicklung wider. Wirtschaftlicher Interdependenz und Handel wird ebenso eine entscheidende Rolle eingeräumt wie der innenpolitischen Entwicklung in China, namentlich politischen Reformen sowie dem zivilgesellschaftlichen Austausch zwischen den USA und der Volksrepublik.

Gerade den inneren Reformen hin zu einer Demokratie kommt auch außen- und sicherheitspolitisch eine Schlüsselrolle zu. Anknüpfend an die Theorie des demokratischen Friedens wird die Auffassung vertreten, dass langfristig (nur) eine Demokratisierung Chinas die sicherheitspolitischen Probleme in den sino-amerikanischen Beziehungen und darüber hinaus lösen werde.

Kern der Analyse stellen, nach liberaler Ansicht, weiche Elemente der Macht (»soft power«) dar. Hierbei sind vor allem wirtschaftliche, politische und kulturelle Aspekte von zentraler Bedeutung. Dies bedeutet, dass politische und wirtschaftliche Konkurrenz und nicht Konflikte um Macht, respektive ihre Verteilung, als die beherrschenden Elemente der amerikanisch-chinesischen Beziehungen verstanden werden, ohne jedoch den amerikanischen Führungsanspruch zu negieren. Vielmehr wird von Vertretern der liberalen Denkschule, die amerikanische Führung nach wie vor als dringend erforderlich für die Aufrechterhaltung und den Ausbau eines globalen Systems des Freihandels, aber auch der weiteren Ausbreitung der Demokratie angesehen. Dabei wurde jedoch in der politischen und politikwissenschaftlichen Debatte in den vergangenen Jahren wirtschaftspolitischen Themen immer ein breiterer Raum zugestanden als den Menschenrechten.

Besondere Sorge herrscht in der liberalen Denkschule davor, dass sich eine negative Perzeption Chinas verselbständigen und zu einer »self-fulfilling prophecy« werden könnte. Damit ist gemeint, dass dann, wenn die USA bzw. präziser ihre außenpolitische Elite die Volksrepublik als Feind betrachten und dementsprechend behandeln würden, China auch tatsächlich zu einem Gegner werden würde.

Ziel der amerikanischen Politik sollte es nach Auffassung von Vertretern dieser Denkschule sein, den Status quo dahingehend zu verändern, dass die VR China zu einem Partner wird, mit dem die USA nicht nur gemeinsame Interessen, sondern langfristig auch Werte teilen.[40] Dies soll überwiegend auf eine sicherheitspolitisch indirekte Art und Weise erfolgen, vor allem durch die Fortsetzung von Kooperation und Interaktion in wirtschaftlicher, politischer, wissenschaftlicher und kultureller Hinsicht, ohne je-

40 Vgl. *Fei-Ling Wang,* To incorporate China, A new Policy for a new Era, in: *Washington Quarterly,* Nr. 1/1998, S. 67-81.

doch aktiv einen Wandel in China zu forcieren. So widersprüchlich dies auf den ersten Blick erscheinen mag, so wird die Zusammenarbeit mit der gegenwärtigen Regierung gepflegt, um genau diese Regierung langfristig durch eine frei gewählte zu ersetzen. Jedoch wird ein solcher »Regime Change« nicht aktiv oder gar unter Einsatz militärischer Macht betrieben, sondern ist ein sehr langfristiges Projekt. Kurz und mittelfristig sind die Ziele bescheidener und richten sich vor allem auf Verbesserung im Bereich der Menschenrechte und die Einhaltung internationaler Normen, z.B. bei der Frage der Proliferation von Massenvernichtungswaffen. Es soll durch die Außen- und Sicherheitspolitik der Boden bereitet werden für eine Entwicklung in China selbst, die zu Veränderungen im politischen System und damit mittelbar verbunden auch zu einer Neudefinition der sicherheitspolitischen Interessen der Volksrepublik führen würde.

Für das Ziel der weiteren Integration Chinas in die internationale Staatengemeinschaft und die Weltwirtschaft sind viele liberale Autoren, anders als realistisch ausgerichtete Beobachter, bereit, kurz- und mittelfristige Vorteile der Volksrepublik China gegenüber den USA, beispielsweise im bilateralen Handel, zu akzeptieren.

Die Politikempfehlung, die sich aus der liberalen Analyse der chinesischen Entwicklung ergibt, ist die einer Politik der Einbindung (»engagement«) mit dem langfristigen Ziel der weiteren Liberalisierung und Reformierung Chinas. Nur wenn die Volksrepublik die USA als Partner begreife, durch wirtschaftliche Interaktion eine breite reformorientierte Mittelschicht entstehe sowie sich die Einsicht in den politischen und ökonomischen Nutzen von Reformen verbreite, sei es langfristig möglich, gemeinsame Werte und Interessen mit China zu entwickeln.

Abb. 2: Übersicht über die Analyse von Realisten und Liberalen

Analyserahmen	Realisten	Liberale
Potenzialanalyse Chinas	Risiko	Chance
Schwerpunkt der Analyse	»Hard Power«	»Soft Power«
Ziel der US-Politik	Bewahrung des Status quo	Veränderung des Status quo
Politikansatz und anvisierte Vorgehensweise	Direkt sicherheitspolitisch und von außen nach innen	Indirekt sicherheitspolitisch und von innen nach außen
Politikempfehlung	»Containment« oder »Constrainment/Hedging«	Engagement

3.3 Zwischenkonzepte

In der US-China-Debatte wird teilweise der Versuch unternommen, aus der »Dogmatik« der beiden Großdenkschulen auszubrechen und Vorschläge zu unterbreiten, die eine Vermischung zwischen den beiden Ansätzen darstellen. Diese Überschneidungsbereiche zeigen sich vor allem bei den Politikempfehlungen. Als Beispiele für diese Zwischenkonzepte seien hier etwa das Konzept des »Congagement« (Zalimany

Khalilzad[41]), das des »Limited Engagement« (Bates *Gill*[42]) sowie jenes des »Conditioning« (Philip C. *Saunders,* Roger *Cliff* und Daniel *Byman)*[43] genannt. Trotz aller Unterschiede ist diesen gemein, dass sie die wirtschaftlichen Vorteile aus der chinesischen Entwicklung für die USA nutzbar machen wollen und zugleich an der amerikanischen Machtstellung im asiatisch-pazifischen Raum festzuhalten gedenken. Gerade diese Zwischenkonzepte scheinen näher an der Regierungspraxis der amerikanischen China-Politik zu liegen, als dies bei den Großdenkschulen der Fall ist.

4. Die China-Perzeptionen der Regierungen Clinton und Bush

Wenngleich es sich schwierig gestaltet, die Perzeption der gesamten Regierung der VRCh gegenüber zu untersuchen, ergeben sich doch bei der Betrachtung der in der Vergangenheit gemachten öffentlichen Äußerungen der Präsidenten oder anderer führender Mitglieder der Administration Anhaltspunkte für die Frage der Wahrnehmung Chinas, die im Folgenden kurz umrissen werden sollen.

4.1 Die China-Perzeption der Clinton-Administration

Die Ansicht, dass die bilateralen Beziehungen zwischen den USA und der VR China von zentraler Bedeutung für die asiatisch-pazifische, aber besonders auch die Entwicklung der globalen Sicherheit seien, bildete die Ausgangslage für die China-Perzeption sowie für die China-Politik der Regierung *Clinton.*[44] Die China-Perzeption des Präsidenten und der führenden Mitglieder der Clinton-Regierung wurde grundsätzlich von einer optimistischen Einschätzung geprägt. Zwar wurden sehr klar Defizite in der aktuellen chinesischen Innenpolitik identifiziert (so beispielsweise in Fragen der Menschenrechte), doch überwog die Ansicht, dass sich Veränderungen erzielen oder zumindest aber unterstützen lassen würden. Dass den Menschenrechten in der VR China nach 1994 in der offiziellen Politik der USA nur noch eine geringe praktische Bedeutung zugebilligt wurde, spiegelt die verstärkte Wahrnehmung Chinas auf einer strategischen Ebene. Die VRCh wurde nicht als Gegner, sondern als strategischer Partner betrachtet. Hieran änderte auch die Beinahe-Konfrontation zwischen beiden Staaten (1995/1996) in der Taiwan-Straße wenig.

Die Politik der VR China wurde als durch eine konstruktive amerikanische Vorgehensweise beeinflussbar angesehen. Nicht Drohungen, sondern Zusammenarbeit

41 Vgl. Zalmay *Khalilzad,* Congage China, RAND Issue Paper, Nr. 187/1999, <http://www.rand.org/publications/IP/IP187/IP187.html>; ders., Abram *Shulsky* et al., The United States and a Rising China, RAND, Santa Monica, 1999, S. 72.

42 Vgl. Bates *Gill,* Limited Engagement, in: *Foreign Affairs,* Nr. 4/1999, S. 69.

43 Vgl. Philip C. *Saunders,* Roger *Cliff,* Daniel *Byman,* US Policy Options Toward an Emerging China, in: *Pacific Review,* Nr. 3/1999, S. 421-451.

44 Vgl. Bill *Clinton,* Remarks at the National Geographic Society, 11.6.1998, in: Public Papers of the President - William J. Clinton 1998, Bd. 1, Washington 1999, S. 935.

waren nach *Clintons* Auffassung der Schlüssel zum Erfolg in der China-Politik.[45] Dies illustriert deutlich, dass der »engagement«-Ansatz und die dahinter stehende Logik von *Clinton* übernommen wurde. Es wurden darüber hinaus keine grundsätzlichen strategischen Interessendivergenzen gesehen, vielmehr wurde die Möglichkeit einer Zusammenarbeit in wichtigen Sachfragen, wie der Nordkorea-Problematik, als Lösungsstrategie gesehen. Nur vor diesem Hintergrund ist die gesamte China-Politik, aber auch die Bedrohungsanalyse zu verstehen.

Ein zentraler Aspekt der China-Politik *Clintons* war die Akzeptanz des chinesischen Aufstieges und der Wille, die sich hieraus ergebenden Chancen für die USA und die US-Wirtschaft zu nutzen. Dies war verbunden mit der Erwartung, dass nur durch Zusammenarbeit mit der chinesischen Regierung Einfluss auf deren Politik genommen werden könne. Dies wird in besonderem Maße aus der Zielvorgabe der China-Politik - der Einbindung der VRCh in das internationale System - deutlich.[46] Dem Ansatz liegt die positive Bewertung der möglichen Rolle Chinas als einer entscheidenden Macht zur Gewährleistung der regionalen Sicherheit zugrunde.

Es zeigte sich allerdings an verschiedenen Äußerungen von Mitgliedern der Regierung bzw. hochrangigen Mitarbeitern der Clinton-Administration, dass die weitere Entwicklung der VR China im Allgemeinen als auch die Entwicklung der sino-amerikanischen Beziehungen im Speziellen dennoch als sehr ungewiss angesehen wurde. So skizzierte der damalige amerikanische Botschafter in Peking, Joseph *Prueher,* zwei mögliche Entwicklungslinien des weiteren Verhältnisses: zum einen die Ausbildung eines feindschaftlichen Verhältnisses (adversarial), zum anderen die Schaffung eines mehr partnerschaftlichen Miteinanders, das beide Seiten in die Lage versetzen würde, die dennoch auftretenden Spannungen zu bewältigen.[47] Dies unterstreicht, dass trotz einer positiven Grundeinschätzung der chinesischen Entwicklung Rückschläge nicht ausgeschlossen wurden. Zu Recht wurde hierbei indirekt auf die Zweigleisigkeit jeder »engagement«-Politik hingewiesen, da ohne eine Bereitschaft Chinas, sich einbinden zu lassen, eine solche Vorgehensweise rasch ad absurdum geführt würde.

4.2 Die China-Perzeption der Bush-Administration

Die China-Perzeption von George W. *Bush* besonders in der Zeit des Wahlkampfes lässt sich nur sehr schwer festmachen, da widersprüchliche Aussagen zu diesem Thema vorhanden sind. Auf der einen Seite schien der Präsidentschaftskandidat eine

45 Vgl. ders., The President's News Conference, 26.5.1994, in: Weekly Compilation of Presidential Documents, Bd. 10, 1994, Nr. 10, S. 1168.

46 Vgl. U.S. Foreign Policy Agenda, Ensuring Security in the Asia-Pacific Region, Interview mit Kurt *Campbell,* in: U.S. Foreign Policy in Focus, Bd. 3, 1998, Nr. 1, S. 6.

47 Vgl. Speech by U.S. Ambassador Joseph Prueher to Credit Lyonnais Securities Asia (CLSA) China Forum 2000, Shanghai, 10.5.2000, <http://hongkong.usconsulate.gov/uscn/usemb/2000/0510a.htm>.

eher pessimistisch-ablehnende Haltung gegenüber China zu vertreten. So erklärte er im November 1999: »China is a competitor not a strategic partner.«[48] Jedoch zeigte sich schon im Wahlkampf 2000, dass *Bush* ganz offenbar eine deutlich konziliantere Politik gegenüber China favorisierte, als dies viele seiner Berater wünschten.[49] Seit dem 11. September 2001 hat sich die öffentlich bekannt gewordene Einschätzung durch Präsident *Bush* offenbar weiter in Richtung China verschoben, ohne jedoch Meinungsverschiedenheiten zwischen beiden Staaten zu negieren.[50]

So waren in der ersten Amtszeit von George W. *Bush* keine Anzeichen für einen dramatischen Wandel in der amerikanischen China-Politik zu erkennen, die den Schluss zulassen würden, dass sich die Wahrnehmung Chinas deutlich gewandelt haben könnte. Vielmehr ist von einer Akzentverschiebung auszugehen, die sich jedoch noch im Rahmen der bekannten Parameter der amerikanischen Politik seit den Siebzigerjahren bewegt. Andrew *Scobell* wies darauf hin, dass eine deutliche Zweiteilung der wichtigsten Entscheidungsträger der Bush-Administration in so genannte Falken und pragmatische Konservative festzustellen sei. Vor allem erstere (z.B. Richard *Cheney,* Donald *Rumsfeld,* Paul *Wolfowitz)* sahen die VR China sehr kritisch und warnen vor möglichen Bedrohungen der USA durch China, hierbei zeigen sich deutlich (neo-)realistische Überlegungen, die von einem Streben der Staaten nach Vormachtstellung ausgehen. Hieraus würde auch folgen, dass aus zunehmenden militärischen Kapazitäten der VRCh auch der Wille erwachsen würde, diese einzusetzen. Teilweise spielt aber auch neokonservatives Denken eine wichtige Rolle, das der Verbreitung amerikanischer Werte eine hohe Priorität einräumt. Ähnlich wie *Scobell* argumentierte *Lanxin Xiang,* der die Meinung vertrat, dass gerade diese »neokonservativen Hardliner« China als eine den Status quo gefährdende Macht ansehen würden.[51] Demgegenüber suchten pragmatische Konservative einen Modus Vivendi mit der Volksrepublik zu finden. Die gemäßigten Politiker, wie Colin *Powell,* bildeten demnach ein nicht zu unterschätzendes Gegengewicht in der Administration.[52] *Shambaugh* bezeichnet diese Fraktion als internationalistische Realisten.[53] Auch bei eher moderaten Vertretern der Administration (wie Colin *Powell)* zeigte sich besonders am Anfang der Amtszeit ein gewisses Maß an Ambivalenz gegenüber der VR China. So erklärte der designierte Außenminister *Powell* am 17. Januar 2001 vor dem Senat:

---

48 Vgl. George W. *Bush,* Distinctly American Internationalism, Speech at the Ronald Reagan Library, Simi Valley, 19.11.1999, in: Scott *Kennedy* (Hrsg.), op.cit. (Anm. 15), S. 274.

49 Vgl. Marry *Hiebet,* Presidential Shift, in: *Far Eastern Economic Review,* 9.3.2000, S. 22.

50 Vgl. z.B. George W. *Bush,* Transcript: Presidents Bush, Jiang Discuss Terrorism, North Korea, 21.2.2002, <http://usinfo.org/usia/usinfo.state.gov/regional/ea/uschina/jiangbrf.htm>.

51 Vgl. *Lanxin Xiang,* Washington's Misguided China Policy, in: *Survival,* Nr. 3/2001, S. 8.

52 Vgl. Andrew *Scobell,* Crouching Korea, Hidden China: Bush Administration Policy toward Pyongyang and Beijing, in: *Asian Survey,* Nr. 2/2002, S. 346–349.

53 Vgl. David *Shambaugh,* China or America: Which is the Revisionist Power, in: *Survival,* Nr. 3/2001, S. 26.

> *»... [W]e will treat China as she merits. A strategic partner China is not, but neither is China our inevitable and implacable foe. China is a competitor, a potential regional rival, but also a trading partner willing to cooperate in areas where our strategic interests overlap.«*[54]

Trotz dieser teilweise deutlich härteren Haltung von Seiten der Bush-Administration hatte sich auch diese US-Regierung einer Politik der Einbindung Chinas verschrieben.[55] Die China-Wahrnehmung schien sehr viel stärker ambivalent zu sein als bei der Vorgängeradministration. Die Mitglieder der Regierung *Bush* waren besonders zu Anfang ihrer Amtszeit bemüht, sich von der ostentativen Engagement-Politik und der dahinter stehenden politisch-theoretischen Logik abzugrenzen. Der Grad der realistischen Ausrichtung variiert jedoch und führt damit zu den unterschiedlichen Einschätzungen Chinas. Die aus dem Realismus kommende Grundperspektive scheint jedoch Konsens zu sein.

Schlussfolgerung

Somit kann festgehalten werden, dass die amerikanische China-Perzeption sehr klare gegensätzliche Ansichten aufweist, die sich deutlich auf ihre jeweiligen theoretischen Wurzeln zurückführen lassen. In welche Richtung sich die Politik der Vereinigten Staaten gegenüber China entwickeln wird, ist ungewiss. Doch zeigt die nach wie vor anhaltende Debatte in den USA, dass kein Konsens in der wissenschaftlichen Debatte über die langfristige Zielrichtung und die einzusetzenden Mittel der US-China-Politik vorhanden ist, wenngleich liberale Ansätze gegenwärtig deutlich überwiegen.

Betrachtet man allerdings die vorhandenen Ansätze zur Bewertung der China-Perzeption durch die Regierungen von *Clinton* und *Bush*, so wird deutlich, dass hier grundverschiedene Ansätze vorherrschten, welche durchaus mit den zuvor beschriebenen Großdenkschulen in der chinapolitischen Debatte in Übereinstimmung gebracht werden können. Dass die eher realistisch motivierte China-Perzeption der Bush-Administration nur wenig politisch-praktische Auswirkungen gezeigt hat, ist auf die weltpolitischen Veränderungen nach dem 11. September 2001 zurückzuführen. Dies bedeutet jedoch nicht, dass die grundlegende Einschätzung Chinas einen Wandel erfahren haben dürfte, sondern vielmehr, dass gegenwärtig andere Prioritäten gesetzt werden, nämlich der Kampf gegen den internationalen Terrorismus.

54 Vgl. Colin *Powell*, Confirmation Hearing by Colin Powell, United States Senate, 17.1.2001, <http://www.state.gov/secretary/rm/2001/443.htm>.

55 Vgl. National Institute for Defense Studies, East Asia Strategic Review 2002, Tokio 2002, S. 283.

Konstruktion eines »Empire« durch »moralischen« Realismus?

Das neokonservative Amerika in der neuzeitlichen Weltpolitik

Andreas Wilhelm

»Zu Beginn des neuen Jahrtausends erfreuen sich die Vereinigten Staaten einer Stellung in der Welt, mit der sich keines der Imperien der Vergangenheit messen kann. Auf militärischem und wirtschaftlichem Gebiet, in Wissenschaft und Technologie, von der höheren Bildung bis hin zur Popkultur kann sich Amerika einer nie da gewesenen Dominanz gegenüber dem Rest der Welt rühmen.« Henry *Kissinger* bleibt die Antwort zwar im weiteren schuldig, ob Amerika auf dem Gipfel der Macht ein Imperium oder eine Führungsnation bildet, deutet jedoch an, dass diese Überlegung die internationale Gemeinschaft zu einer »seltsamen Mischung aus Respekt vor und Unterwerfung unter Amerikas Macht« führe, begleitet von gelegentlicher Wut über seine Rezepte und Verwirrung über seine langfristigen Ziele.

Zu dieser Entwicklung einer globalen hegemonialen Konstellation der USA hebt Max *Boot,* Senior Fellow am Council on Foreign Relations, unter Rückgriff auf die historische Entwicklung hervor, dass »in der Vergangenheit [...] nur linke Kritiker von einem amerikanischen »Empire« gesprochen« hätten, der Begriff aber inzwischen Respektabilität gewonnen habe. »Befürwortet wird ein amerikanisches Empire auch von Leuten, von denen man es nicht unbedingt erwartet hätte [...], prominente linke und liberale Intellektuelle. Sie haben erkannt, dass in einer Welt voller mörderischer Tyrannen der einzige Schutz, auf den anständige Menschen zählen können, von den Vereinigten Staaten ausgehen kann.«[1] Zum kritischen Bezugspunkt für eine fehlende Logik des Sicherheits- und Machtgewinns wird ihm dabei Frankreich, auf das man in Fragen der Sicherheit nicht zählen könne, das - ganz zu schweigen vom Irak - nicht einmal an der Elfenbeinküste zurechtkomme, und dessen Armee allein dazu tauge, anderen Armeen beizubringen, wie man korrekt kapituliert. Dient also für die USA das Konzept des »Empire«, im Gegensatz zum unschärferen Begriff des »Reiches« oder Raumes, als ein »neues Paradigma«[2] in der Debatte um weltpolitische Ordnungsmodelle und Herrschaftsformen im 21. Jahrhundert?

Robert *Kagan,* als prominenter Vertreter des außenpolitischen Neokonservatismus, formuliert unter dem Titel »Of Paradise and Power: America and Europe in the New World Order« die Grundthese, dass aus objektiven politischen und militärischen Gründen Europa und die USA auseinanderdriften. Die auf Multilateralismus und auf Verhandlungen setzende europäische Staatenwelt kann in einer Kantschen Welt des

---

1 Vgl. Max *Boot,* Plädoyer für ein Empire, in: Ulrich *Speck*/Natan *Sznaider* (Hrsg.), Empire Amerika. Perspektiven einer neuen Weltordnung, München 2003, S. 60-71, hier S. 66.

2 Vgl. Ulrich *Speck*/Natan *Sznaider* (Hrsg.), op.cit. (Anm. 1), S. 14.

demokratischen Friedens nur existieren und überleben, weil die USA gegenüber der feindlichen Welt des Thomas *Hobbes* die militärische Hauptlast tragen.[3] Für *Kagan* wie für Charles *Krauthammer* wird der Weg zu einer multilateralen Weltordnung und ein »American decline« zur falschen Analyse, zum Mythos. Im Vordergrund steht nach ihrer Ansicht eine unipolare Konstellation der neuzeitlichen Weltpolitik, die der amerikanischen Suprematie ein besonderes Gewicht verleiht.[4] Auf der Negativfolie einer kooperativen, multilateralen Politik Europas entwirft *Krauthammer* daher das Bild eines Amerika, das sein machtgestütztes, strategisches Eigeninteresse an den Herausforderungen von Schurkenstaaten und instabilen bzw. zerfallenden Vielvölkerstaaten, an präventiven Angriffen und damit verbundenem Systemwechsel in den »rogue states«, den Schurkenstaaten, orientiert.

Vor dem Hintergrund der Diskussion um eine einzigartige Hegemonialmachtrolle der USA zu Beginn des 21. Jahrhunderts führt dies zu der Frage: gibt es Faktoren, die - auf den Nährboden neokonservativer Betrachtungs- und Denkmuster fallend - zur Konstruktion eines amerikanischen »Empire« beitragen und die dafür sprechen, Amerika als ein »Empire« zu charakterisieren? Immerhin traf man gerade in den letzten Jahren auf eine Vielzahl von Publikationen, die hinsichtlich der weltpolitischen Rolle der USA eine Periode des Niedergangs postulierten: Paul *Kennedy* in seiner Studie über Aufstieg und Fall der großen Mächte, verankert in einer zyklentheoretischen Argumentationslogik;[5] Chalmers *Johnson,* der in seiner Diagnose »Ein Imperium verfällt«, den USA einen Rückfall aufgrund eminenter politischer Fehlleistungen bescheinigt;[6] Emmanuel *Todds* Nachruf über die Weltmacht USA und ihre Toterklärung,[7] sowie Michael *Hardt* und Antonio *Negri,* die in ihrer Publikation »Empire«[8] nicht nur den Untergang der bisherigen transpolitischen Weltordnung, sondern auch den Sturz der USA voraussagen.

Beginnt also das Modell des westfälischen Staatensystems, entgegen aller postnationalen Konzeptionen und kosmopolitischen Begründungsmomente eines Jürgen *Habermas* und Ulrich *Beck*[9] durch ein »Empire« verändert oder ersetzt zu werden, dass letztendlich nur Ausdruck der bestehenden Machtasymmetrie der Staaten ist und die dominierende weltpolitische Rolle der USA unterstreicht? Ziel muss es sein, alle diese Aussagen zunächst in eine nähere Betrachtung des Begriffs »Empire« einzuordnen.

3 Vgl. Robert *Kagan,* Macht und Ohnmacht. Amerika und Europa in der neuen Weltordnung, Berlin 2003.

4 Vgl. Charles S. *Krauthammer,* The Unipolar Moment, in: *Foreign Affairs,* Nr. 1, 1990/91, S. 23-33.

5 Vgl. Paul *Kennedy,* The Rise and Fall of the Great Powers: Economic Change and Military Conflict from 1500 to 2000, New York 1987.

6 Vgl. Chalmers *Johnson,* Ein Imperium verfällt. Wann endet das amerikanische Jahrhundert?, München 2000.

7 Vgl. Emmanuel *Todd,* Weltmacht USA. Ein Nachruf, München 2003.

8 Vgl. Michael *Hardt*/Antonio *Negri,* Empire. Die neue Weltordnung, Frankfurt am Main 2002.

9 Vgl. Jürgen *Habermas,* Die postnationale Konstellation, Frankfurt am Main 1998; Ulrich *Beck,* Macht und Gegenmacht im globalen Zeitalter. Neue weltpolitische Ökonomie, Frankfurt am Main 2002; Ulrich *Beck*/Edgar *Grande,* Das kosmopolitische Europa, Frankfurt am Main 2004.

»Empire« als Konzept der internationalen Ordnungsbildung

Ausgangspunkt ist die Feststellung der »Imperiumsvergessenheit« des politischen Denkens, anders formuliert: das »Nichtdenken von imperialen Handlungslogiken und Selbsterhaltungsimperativen«. Weiterführend ließe sich, in Anlehnung an Carlo *Masalas* Interpretation der Großraumtheorie Carl *Schmitts*, ihrer Anwendung auf einen »imperialen Universalismus« der USA und einen von *Masala* geforderten Großraumbildungsprozess in Europa,[10] von »Raumvergessenheit« sprechen. Da man in Europa die Ära imperialer Machtentfaltung gerade hinter sich gelassen hat und sich mit der institutionellen Architektur der Europäischen Union von einer klassischen Großmachtpolitik in Europa zu lösen versuchte, ist der Grundtenor des politischen Denkens antiimperial, stehen imperiale Strukturen in der Regel unter dem Verdacht, die kollektive Selbstbestimmung und individuelle Freiheit zu blockieren. Begriffe wie »Imperium« oder »Empire« sind daher grundsätzlich negativ konnotiert.

Im Allgemeinen folgen bzw. unterliegen Imperien in Aufbau und Funktionsweise anderen Prinzipien und Vorstellungen, anderen politischen Gesetzmäßigkeiten als Staaten oder Großmächte. Ein wesentlicher Unterschied liegt in der Reziprozitäts- und Gegenseitigkeitsbeziehung: auch wenn mehrere Imperien oder Großreiche in einer Rivalität ihrer Interessen nebeneinander bestehen oder sogar friedlich koexistieren, werden sie sich im Regelfall nicht als Gleiche anerkennen, sondern sich jeweils auf besondere, den anderen ausschließende, sich von ihm abgrenzende Ordnungsvorstellungen und Leitideen berufen. Im Vordergrund stehen konkurrierende Ordnungsvorstellungen und ihre Legitimationsansprüche, die im 19. Jahrhundert auf den Restaurationsbestrebungen der europäischen Monarchien beruhten, jedoch vom Nationalismus und der Demokratie in Frage gestellt wurden, und im 20. Jahrhundert klassen- und systemideologisch aufgeladen waren. Im 21. Jahrhundert werden hingegen unterschiedliche, von der Religion und von Fundamentalismen mitgeprägte Auseinandersetzungen um Wertesysteme bzw. um kulturell-zivilisatorische Ordnungsmodelle offensichtlich zu einem relevanten Konfliktmuster, das von einem globalen Streit um die richtige Verfasstheit regionaler und internationaler Ordnung und dem Streben um eine machtvolle Hegemonialposition bestimmt wird. So erscheint der weltweite Kampf um Macht, nach Samuel *Huntingtons* Auffassung zwischen den Kulturen des Westens und des Islam, zugleich als ein teilweises Ringen um die Macht der richtigen Interpretation nationaler und internationaler Werte und Moral.

In allen Fällen benötigen Imperien, da auch sie auf eine spezifische Form der Herrschaftsausübung zurückgreifen, eine Legitimationsbegründung, insbesondere eine weltgeschichtliche Begründung der Legitimation. Es kann sich dabei um die Sicherung des Friedens, um den zivilisatorischen Fortschritt der Menschheit, das »Aufhalten

10 Vgl. Carlo *Masala*, Europa sollte ein Reich werden. Carl Schmitts Großraumtheorie könnte helfen, dem imperialen Universalismus der Vereinigten Staaten auf kluge Weise zu entkommen, in: *Frankfurter Allgemeine Sonntagszeitung*, 10.10.2004, Nr. 41.

des Weltendes« oder das Errichten einer neuen transpolitischen Gesellschaft handeln. Zum Rechtfertigungsgrund für Imperien wird ihre machtpolitische Einzigartigkeit, verbunden mit dem Anspruch, den Gang der Geschichte für die ganze Menschheit zu entscheiden.[11] Auf der Grundlage ihrer Herrschaftslogik beeinflussen Imperien dabei nicht nur das nach außen gerichtete Handeln von Staaten, sondern auch deren innere Aktivitäten.[12] Im Gegensatz zu den vormodernen Formen imperialer Herrschaft (Alexandrisches, mongolisches oder Heiliges Römisches Reich) zeichnen sich diese modernen Imperien durch den Nationalstaat als (noch) immer konstitutives Merkmal und zentrales Regulativ eines solchen umfassenderen Herrschaftsverbandes aus (koloniale Imperien des 19. und 20. Jahrhunderts, Habsburger Reich, sowjetisches Imperium).

Wenn wir das Konzept des »Empire« auf Amerika anwenden, dann erscheint es relevant zu prüfen, ob die USA die Leistungsanforderungen und die Problembearbeitungskapazität eines Imperiums erfüllen. Primär ist damit die Art der Integration des imperial beherrschten Raumes und die Herstellung von Sicherheit angesprochen. Versehen mit einem Kernland und Machtzentrum sowie einem einheitlichen Rechtsraum, nimmt das Maß der Bindung zur Peripherie, mit einem Wechsel von unterschiedlichen Rechts- und Machtzonen, immer weiter ab.[13] Bei der wirtschaftlichen, administrativen und kulturell-zivilisatorischen Integration des Raumes, dem Austausch von Waren, Dienstleistungen und Informationen von den sicheren Zonen bis zur Peripherie erhalten Sicherheitsgarantien daher ein maßgebliches Gewicht.

Die stärkere Inanspruchnahme der Wirtschaft, wie etwa der Erhalt und die Steigerung der Wohlfahrt, erfolgte dabei durchweg im Rahmen der Herrschaftsfunktionen des Imperiums. Das Römische Reich und das Britische Empire (vom Nordatlantik bis nach Indien) waren wirtschaftlich weitaus stärker integriert als Landimperien wie das chinesische Reich oder das zaristische Reich Russlands. Findet sich also der Anspruch eines »Empire« auch darin wider, dass der Prozess der Globalisierung wesentlich von den USA angeführt wird und dabei das Etikett eines »Made in USA« trägt? Die Vereinigten Staaten üben zwar weniger Kontrolle über innere Angelegenheiten anderer Staaten aus als Großbritannien zu jenen Zeiten, in denen es über einen Viertel des Globus und der damaligen Staatenwelt herrschte. Die relative Macht der USA ist heute allerdings um ein Vielfaches größer als die relative Macht des britischen Weltreiches.

Wenn daher von einem »Empire« oder der Konstruktion desselben die Rede ist, gilt es darauf zu sehen, dass (der politische Wille zu) Sicherheitsgarantien ebenso entscheidend zum Funktionsimperativ eines »Empire« bzw. einer imperialen Macht zählen wie

---

11 Vgl. Herfried *Münkler*, Das Prinzip Empire, in: Ulrich *Speck*/Natan *Sznaider* (Hrsg.), op.cit. (Anm. 1), S. 104–125, hier S. 110.

12 Vgl. Michael W. *Doyle*, Empires, Ithaca 1986, S. 12.

13 Vgl. Herfried *Münkler*, op.cit. (Anm. 11).

die Beherrschungskosten, die u.a. in der Fähigkeit zur militärischen Sicherung der Grenzen zum Ausdruck kommen. Strategisch geschickt agierende Mächte können an den Rändern, den Grenzen des »Empire« durch Beeinträchtigung dieses Sicherheitsempfindens einen weitaus größeren und langfristigeren Schaden anrichten, als es eine direkte Konfrontation mit dem Militär oder dem Herrschaftsapparat erlauben würde. Die Anschläge vom 11. September, aber auch in der späteren Folge in Indonesien, Saudi-Arabien, Spanien und der Türkei sind dafür ein Beispiel. Sie richteten sich gegen das Sicherheitsgefühl, die Beherrschungskosten und die kulturell-zivilisatorische Attraktivität der amerikanischen Daseinsführung. In prekärer und gleichsam utopischer Weise scheinen die Vereinigten Staaten aus diesem Grund das nicht erreichbare Gut absoluter Sicherheit anzustreben, mit präemptiven, den Krieg »zum Gegner tragen(den)« Maßnahmen an der Peripherie amerikanischer Einflusszonen.

Politik eines »moralischen« Realismus

Vor diesem Hintergrund interessiert die Frage, ob es transepochal und interkulturell feststellbare Triebkräfte eines »Empire Building« gibt, die, wie im Falle des römischen Imperium, des chinesischen, osmanischen oder sowjetischen Reiches, bei der Organisation des Raumes und der Beziehungen zu den Herrschaftsunterworfenen eine zentrale Rolle spielen. Dabei, so die These, ist mit Blick auf Amerika ein Konzept der internationalen Ordnungsbildung vorherrschend, das von einem machtorientierten, »moralischen« Realismus bestimmt und von einem neokonservativen Weltbild motiviert wird, welches zur Konstruktion von »imperialen« Ordnungsvorstellungen beiträgt.

Einen wichtigen Faktor des »Empire Building« markiert die Tatsache, dass imperiale Machtbildungen im Regelfall von den Eliten, ihren Sichtweisen und Weltbildern getragen werden, die vom weltgeschichtlichen Auftrag überzeugt sind und die eigene Daseinsführung in die Sache des Imperiums bzw. der imperialen Macht stellen. Was daraus folgt, ist nicht nur ein Unbehagen auf Seiten des »Empire«, seiner politischen Elite und gegebenenfalls der Bevölkerung, von anderen nicht verstanden zu werden. Die Legitimationsideologie, oder besser: die Konstruktion des Legitimationsanspruchs aufgrund des eigenen Selbstverständnisses, der eigenen Identität und Weltwahrnehmung erzwingt ein Zustimmungs- und Wir-Gefühl, das von einem hohen Erwartungsdruck nach Innen gegen die Herrschaftsunterworfenen und nach Außen gegen konkurrierende Mächte begleitet wird.

Im Umfeld der Regierung *Bush* bewegen sich Analytiker, Strategen, Historiker, Kommentatoren und Politiker, die diese Weltsicht konstruieren. Über das Instrument eines manichäischen Weltbildes erfolgt die Herausbildung eines Wir-Gefühls, das zur Identitätsbildung wie auch zur Eingrenzung oder Abgrenzung anderer Gruppen und Gemeinschaften beiträgt und im äußersten Fall zum Bezugspunkt für die fundamentale Ablehnung anderer Gruppen, Völker, Nationen oder Staaten wird: eine Feindbildkonstruktion, die sich vor allem durch ihre abwehrende Haltung und Frontstellung gegen das Fremde kennzeichnet. Auf diese Weise schaffen neokonservative Führungskräfte ein simplizistisches Weltverständnis, das nach Hans *Morgenthau* gerade deshalb verkehrt ist, »weil jedes Schwarz-Weiß-Muster, in moralischen Begriffen aufgefasst, nicht dafür geeignet ist, einer politischen Situation gerecht zu werden, in der Gut und Böse, Weisheit und Irrtum unentwirrbar ineinander verschlungen sind.«[14]

Unter Rückgriff auf den Modus der unilateralen Politik und die Anwendung militärischer Gewalt wird Politik zwar als Machtkampf interpretiert. Die nationalen Werte Amerikas werden allerdings mit dem Schleier ihrer Universalität versehen. Was John *Mearsheimer* im Fall der amerikanischen Außenpolitik unter George *Bush jr.* daher als »Wilsonianismus mit Zähnen« charakterisiert, ist nicht zuletzt ein »moralischer« Realismus, der die internationale Politik in der Logik eines Nullsummenspiels analysiert, für die USA die Rolle eines »gütigen Imperators« bereithält und die internationale Ordnung auf der Grundlage seiner moralischen Souveränität und Moralität steuert. Vor dem Hintergrund eines universellen Krieges gegen den Terrorismus, der Schwierigkeiten um Nationsbildungsprozesse in Afghanistan und Irak, des Strebens nach einer umfassenden nationalen Sicherheit durch das Mittel kurzfristiger Allianzen und angesichts der Bereitschaft zu einem nur begrenzten Einsatz an Streitkräften in Kriegen (siehe die Bodentruppen in Irak) folgt die neokonservative Außenpolitik der USA letztlich einem »defensiven Imperialismus«. Dabei scheint diese imperiale Außenpolitik jene Züge eines von John *Herz* so genannten »integralen Nationalismus« anzunehmen, der »politischen Realismus in seiner extremsten Form (verkörpert): einen Realismus, der politische Erscheinungen analysiert, um sie zu werten, und der dann durch ihre Glorifizierung zur Ideologie der entsprechenden Politik wird«.[15]

Dass die Vereinigten Staaten in früheren Jahrzehnten nicht auf eine weltpolitische Rolle drängten, half nach Auffassung von Robert *Tucker* und David *Hendrickson,* die amerikanische Legitimität zu untermauern. So war die außenpolitische Legitimität Amerikas durch Washingtons Verpflichtung gestärkt worden, bei der Entscheidungsfindung auch gegenüber den Bündnispartnern einen Konsens zu suchen, Konflikte auf der Grundlage des internationalen Rechts zu lösen und sich um moderate politische Entscheidungen zu bemühen.[16] Mit der augenscheinlichen Erosion der Legitimität, die in den politischen und militärischen Aktionen der USA nach 9/11 ihren Ausgang nahm, verbindet sich heutzutage nicht nur eine unilateralistische Machtpolitik. Im Sinne einer Freund-Feind-Dichotomie – »whoever is not with us is against us« – beruht die erklärte strategische Doktrin der Aufrechterhaltung amerikanischer Suprematie auf einer nach John *Herz* »internationalen Einführung eines sozialdarwinistischen Ansatzes«, der von einer direkten oder indirekten, weltweiten Hegemonialkontrolle begleitet wird.

---

14 Vgl. Hans J. *Morgenthau,* The Moral Dilemma of Political Action, in: ders., Dilemmas of Politics. Anthologie, Chicago 1958, S. 250.

15 Vgl. John H. *Herz,* Weltpolitik im Atomzeitalter, Stuttgart 1984, S. 42.

16 Vgl. Robert W. *Tucker*/David C. *Hendrickson,* The Sources of American Legitimacy, in: *Foreign Affairs,* November/Dezember 2004, S. 18–32.

Die machthemmende Funktion internationaler Normen wird dabei, im Sinne der aktuellen Nationalen Sicherheitsstrategie vom September 2002,[17] durch den Vorbehalt präemptiver Maßnahmen durchbrochen und mit einer aus nationaler Notwendigkeit heraus argumentierenden Staatsräson verknüpft. Über die für Amerika zweifelsohne moralisch berechtigten Maßnahmen der Selbsterhaltung hinaus fügen sich eine neokonservative Inanspruchnahme moralischer Autonomie und die Projektion christlich-religöser, evangelikaler Maßstäbe der Individualethik auf die amerikanische Außenpolitik zu einem manichäischen, moralisch-religiösen Weltbild zusammen. Eine Überinterpretation der nationalen Sicherheit, die *Morgenthau* bereits gegenüber Richard *Nixon* kritisierte, wird daran ebenso erkennbar wie die Tatsache, dass ein neues religiöses Establishment zusehends versucht, »seiner Weltsicht politische und militärische Kraft zu verleihen«.[18]

Es ist an der kontroversen inneramerikanischen Diskussion über Demokratieverbreitung und Legitimität amerikanischer Macht abzulesen, dass es in diesem Zusammenhang keine einheitliche Position unter den Vertretern eines Neokonservatismus gibt. Die Debatte um »democratic realism« oder »democratic globalism«, die Francis *Fukuyama*[19] und Charles *Krauthammer*[20] zur Frage einer weiten oder engen nationalen Interessendefinition, zur Reichweite und Bedeutung amerikanischer Macht und zur Praktikabilität von Strategien der internationalen Demokratieförderung führten, belegt einerseits die Nähe des Neokonservatismus zu Grundgedanken eines politischen Realismus. Andererseits steht mit der Transferierbarkeit und Planbarkeit westlicher Demokratievorstellungen eine Frage im Mittelpunkt neokonservativer Diskussion, die sich innerhalb der Bush-Administration mit neuen, moralisch und religiös begründeten Macht- und Wertestrukturen verknüpft.

Im Sinne *Morgenthaus* bleibt daran zu bedenken, dass unkritische Ansätze einer Demokratiepromotion, die von absoluten historischen Analogieschlüssen auf erfolgreiche Veränderungsprozesse, von einer einfachen Übertragbarkeit westlicher Institutionen und einem geschichtlich-moralischen Ausnahmetatbestand für Amerika ausgehen (»city on the hill«), zu falschen Urteilen kommen. Als derzeit einzige, weltweit agierende Hegemonialmacht scheint die USA eine solche Denkweise mit imperialen Deklarationen der globalen Durchsetzung des »Guten« gegen das »Böse« zu verknüpfen, die in militärischen Aktionen gegen so genannte »Schurkenstaaten« wie den Irak zum Ausdruck kommen. Allerdings hat diese Denkweise einen großen Anteil daran, dass man den Charakter des Konfliktes mit einem transnationalen Terrorismus

17 (Gekürzter) Text in: *Internationale Politik*, Nr. 12/2002, S. 113-138.

18 Vgl. Josef *Braml*, Die religiöse Rechte in den USA. Basis der Bush-Administration?, Berlin 2004 (SWP-Studie, Stiftung Wissenschaft und Politik), S. 24.

19 Francis *Fukuyama*, The Neoconservative Moment, in: *The National Interest*, Sommer 2004, S. 57-68.

20 Charles S. *Krauthammer*, The Unipolar Moment Revisited, in: *The National Interest*, Winter 2002/03, S. 5-17.

und der Politik von Staaten im Nahen- und Mittleren Osten oder anderen Regionen der Weltpolitik zum einfachen Szenario einer islamischen oder sonst antiwestlichen Aggression unter Führung von Schurkenstaaten oder potenziellen Führungsmächten reduziert. In der Politik der USA gegenüber dem Iran muss sich zeigen, ob eine kluge, die innerstaatlichen und regionalen Bedingungen berücksichtigende Politik der Ausbalancierung von Macht gegenüber dem Iran erfolgt, oder mechanistisch und unter dem Anspruch einer defensiv-imperialen Außenpolitik eine Durchsetzung ähnlicher Interessen und Ordnungsvorstellungen stattfindet wie im Fall des Irak. Ob sich hierin wie auch in anderen Regionen ein Konflikt zwischen Moderne, Postmoderne und Antimoderne widerspiegelt, bleibt eine virulente Frage. Diese gilt es allerdings auch mit Blick auf die Gefahr einer Ideologisierung der Debatte zu betrachten.

Hobbessche Interpretation in neokonservativ-universalistischer Perspektive

Drückt sich in den neokonservativen Begründungen also der von Carl *Schmitt* so bezeichnete Anspruch »einer universalen, planetarischen Weltkontrolle und Weltherrschaft« der USA aus?[21] Abgesehen von der gedankenhistorischen Frage, ob und inwiefern *Schmitt* über Leo *Strauss* einen Einfluss auf die machtpolitische Ideologie der Neokonservativen ausgeübt haben mag. Politische Führungsträger wie Paul *Wolfowitz,* Richard *Cheney,* Donald *Rumsfeld,* Richard *Perle* u.a. charakterisieren zwar die internationale Politik »im Lichte eines Hobbesschen Naturzustandes«. Im Unterschied zu *Schmitt* zielen sie allerdings nicht darauf, »eine neue maßvolle Ordnung in diesen Naturzustand zu bringen«, als »Gleichgewichtssystem einander symmetrisch anerkennender Großmächte«,[22] sondern als eine Hegemonie mit imperialem Charakter. In Anlehnung an *Schmitt* und *Morgenthau,* der die, gegen jede europäische Einmischung in der westlichen Hemisphäre gerichtete, Monroe-Doktrin von 1823 als die größte unilaterale Erklärung einer Einflusssphäre in modernen Zeiten ansah, erweist sich die Bush-Doktrin eines präemptiven Gewalteinsatzes wie die Expansion einer unilateralen Proklamation der Vorherrschaft und militärischen Aktion gegenüber allen für Amerika bedrohungsgefährdenden Orten der Weltpolitik; mit anderen Worten: die Verfolgung nationaler Interessen auf der Grundlage einer universalistischen Weltdoktrin.

In der von den Neokonservativen geforderten, außenpolitischen Disposition der freien Hand (»go it alone«) steckt die allgemeine Codierung für eine neokonservative Doktrin amerikanischer Hegemonial- oder Imperialmachtbildung bzw. der Anspruch auf eine weltherrschaftliche Stellung der USA in Folge der Politik eines »defensiven Imperialismus«. Droht deshalb Amerika, je mehr es sich selbst als »Empire« versteht, seine Seele als Republik zu verlieren? Im Rahmen der neuen internationalen Herausforderungen greift die neokonservative Politik der USA, und das heißt insbesondere

21 Vgl. Carl *Schmitt,* Staat, Großraum, Nomos. Arbeiten von Carl Schmitt aus den Jahren 1916–1969, Berlin 1995, S. 447.

22 Vgl. Carlo *Masala,* a.a.O. (Anm. 10).

ihrer derzeitigen Entscheider und Berater, nicht mehr auf die (kluge) Doppelstrategie aus Containment und Multilateralismus zurück, der im amerikanischen Sinne von Kooperation einen stärker instrumentellen Charakter zur Durchsetzung der Eigeninteressen erhält,[23] sondern mehr denn je auf die militärische Macht und den Krieg als Fortsetzung der Politik. Das von pragmatischen Motivkombinationen gesteuerte Machtstreben der Neokonservativen setzt seit dem 11. September deutlicher auf das Clausewitzsche Mittel militärischer Gewalt, und wird augenfälliger von einer kritischeren Haltung gegenüber den Bündnispartnern, der Organisation der Vereinten Nationen und dem internationalen Recht begleitet.

Als eine Folge der eigenen Wahrnehmung amerikanischer Stärke in einem unipolar verstandenen, machtzentrierten internationalen System droht die Überschätzung der eigenen Macht der USA. Ähnlich der deutschen Außenpolitik nach Otto *von Bismarck* ist mit *Morgenthau* anzunehmen, dass die USA (1) ihre relative Macht im internationalen System völlig falsch einschätzen und dadurch Fehler begehen, (2) zu stark auf die Politik militärischer Stärke setzen, (3) von einem verfehlten, auf einem falschen idealistischen Denken aufruhenden Missionsbewusstsein angetrieben wird und (4) Möglichkeiten zu Verhandlungen und kompromissorientierten Lösungen verweigert oder aussetzt. Nicht zuletzt kann, so ist zu ergänzen, (5) bei einem massiven Scheitern der defensiv-imperialen Außenpolitik der USA auf der Grundlage eines moralischen Realismus das Pendel in eine auch von der amerikanischen Öffentlichkeit geforderte außenpolitische Zurückhaltung umschlagen, die der weltpolitischen Ordnungsgestaltung eines notwendigen handlungsmächtigen Akteurs beraubt.

Welche Gegenmachtbildungsprozesse innerhalb der Staatenwelt auf die potenzielle Ausdehnung einer imperialen Vorherrschaft durch die USA entstehen werden und ob das Schachspiel der internationalen Politik zu sehr auf die militärische Ebene verlagert wird, ohne, im Sinne Joseph *Nyes*, das wirtschaftliche multipolare Spiel auf der zweiten Ebene oder das Spiel der transnationalen Beziehungen auf der unübersichtlichen dritten Ebene zu berücksichtigen,[24] soll hier nicht beantwortet, sondern zumindest als virulente Frage aufgeworfen werden.

Es bleibt vor allem an zwei wichtige Aussagen zu erinnern: (1) zum einen an die eines wirkungsmächtigen Gelehrten der internationalen Politik, Hans *Morgenthau*, der im Rahmen seines Buches »In Defense of the National Interest« (1951) auf wichtige »diplomatische Präzeptionen« verwies: »Vergesst die sentimentalen Ideen, dass die Politik ein Kampf zwischen Gut und Böse ist, bei dem das Gute siegen wird. Vergesst die utopische Idee, dass eine schöne neue Welt ohne Machtpolitik der bedingungslosen

23 Vgl. John G. *Ikenberry*, America's Imperial Ambition, in: *Foreign Affairs*, September/Oktober 2002, S. 44-60.

24 Vgl. Joseph S. *Nye*, The Paradox of American Power: Why the World's Only Superpower Can't Go It Alone, Oxford 2002.

Kapitulation der bösen Nationen folgen wird. Vergesst die sendungsbewusste Idee, dass eine Nation, egal wie tugendhaft und mächtig, die Welt nach ihrem Bilde gestalten kann«;[25] (2) zum anderen die Worte eines eminenten amerikanischen Politikers, John Quincy *Adams,* der im Bewusstsein um die Bedeutung von »statecraft« in der Außenpolitik noch 1821 betonte: »Würde Amerika die Versuchung verspüren, sich zum Diktator der Welt aufzuschwingen, dann wäre es nicht mehr Herr seines eigenen Geistes.« Und das kann angesichts der so hohen weltgeschichtlichen und weltpolitischen Bedeutung Amerikas wohl niemand erhoffen oder wollen.

25 Vgl. Hans J. *Morgenthau,* In Defense of the National Interest, New York 1951, S. 241.

Zeitfracht Medien GmbH
Ferdinand-Jühlke-Straße 7
99095 Erfurt, Deutschland
produktsicherheit@kolibri360.de